张鹤珊聊长城

张鹤珊 ◎ 著

燕山大学出版社
·秦皇岛·

图书在版编目（CIP）数据

张鹤珊聊长城 / 张鹤珊著． —— 秦皇岛：燕山大学出版社，2022.12
ISBN 978-7-5761-0426-4

Ⅰ．①张… Ⅱ．①张… Ⅲ．①长城—文化研究 Ⅳ．① K928.77

中国版本图书馆 CIP 数据核字（2022）第 206184 号

张鹤珊聊长城

张鹤珊 著

出 版 人：陈　玉				
责任编辑：张岳洪		策划编辑：方志强　赵　欣		
责任印制：吴　波		装帧设计：方志强		
出版发行：燕山大学出版社		地　　址：河北省秦皇岛市河北大街西段 438 号		
邮政编码：066004		电　　话：0335-8387555		
印　　刷：秦皇岛墨缘彩印有限公司		经　　销：全国新华书店		

开　　本：147mm×210mm　1/32	印　　张：6.25
版　　次：2022 年 12 月第 1 版	印　　次：2022 年 12 月第 1 次印刷
书　　号：ISBN 978-7-5761-0426-4	字　　数：120 千字
定　　价：58.00 元	

版权所有　侵权必究
如发生印刷、装订质量问题，读者可与出版社联系调换
联系电话：0335-8387718

序

长城人的家国情怀
——写在《张鹤珊聊长城》出版之前

张鹤珊老兄的《张鹤珊聊长城》即将由燕山大学出版社出版，可喜可贺！燕山大学出版社这些年出版了一系列研究与传播长城文化的书籍。宣传长城是一件任重道远的事。

2020年10月24日，燕山大学中国长城文化研究与传播中心成立，同时举办了"2020中国长城文化研究与传播"学术论坛暨"长城国家文化公园建设推进区域经济发展"分论坛，来自全国多所高校、长城研究机构和社会团体的专家学者汇聚在燕山大学。我们也特意邀请了秦皇岛市城子峪村村民张鹤珊夫妇参加活动。

邀请张鹤珊夫妇讲述他们义务守护长城40余年的感人事迹，可以说是这个活动一个很大的亮点。张鹤珊发言之后，燕山大学党委书记赵险峰很有感触地对我说："人活着总是要有一点情怀。"长城的保护和长城文化研究与传播都需要情怀，张鹤珊夫妇就是有情怀的长城人的代表。《张鹤珊聊长城》是一本带着作者的梦想和情怀的书，很好地诠释了"人活着总是要有一点情怀"这句话。

自春秋时期以来，长城经过2000余年的修筑和使用，目前在15个省、自治区、直辖市还有遗址遗存的总长度达21196.18千米。长城本已衰老，有的墙体也摇摇欲坠。2006年，国务院颁布《长城保护条例》，有针对性地解决长城保护、利用工作面临的突出问题，建立了长城保护员制度。

中国人常说的老家，通常指的是祖籍。张鹤珊的祖籍是浙江义乌，他是明代建筑长城和戍守长城"义乌兵"的后裔。1568年戚继光被调到北方总理"蓟辽保练兵事务"，以义乌兵为主的"戚家军"被明朝廷调往今天的河北一带镇守长城。张鹤珊的先祖也随戚继光到了当时的蓟镇修建和守卫长城。随着历史的发展，长城的军事防御功能消失了，生活在长城地带的人却一代一代地传承着。张鹤珊的祖上也就这样继续住在城子峪长城脚下。如今城子峪矗立着的"张家楼"依然是他们祖祖辈辈守护的敌楼。

张鹤珊生于地处冀辽交界处的长城屯兵城堡城子峪，从小听着长城的故事长大，对长城有着深深的感情。他从1978年开始在长城巡视，至今已有40余年。一个农民几十年如一日地做"保护长城"这样一件事情，不图任何回报，谈何容易？巡查城子峪长城是一件很辛苦的事，张鹤珊几乎每天都要爬一遍长城，每次要走十几里的山路。

在这个过程中他也读了很多有关长城的书，做了大量的考察和研究笔记。这本《张鹤珊聊长城》就是由他多年的长城笔记整理而成，内容涵盖生动的长城民间传说、翔实的长城知识介绍、张鹤珊巡护长城中遇到的惊险故事，以及张鹤珊自己撰写的诗词。其中包括白台子的传说、媳妇楼的传说、"关门脸"的传说、义乌兵巧做梓椤叶饼，以及明长城的防御系统、明代的"夜不收"等。

张鹤珊是长城保护员，还是长城文化宣传员。1997年他成为中国长城学会的首批农民会员。2007年，张鹤珊被国家文物局授予"全国文物保护特别奖"，同年还被评为"河北省十大热心肠人物"和"秦皇岛市首届感动港城十大人物"。他的事迹曾多次被新华社、《人民日报》、中央电视台等媒体报道。他还通过微信和拍短视频的方式普及长城知识，深受广大网友们喜爱。

在长城国家文化公园建设的历史节点，《张鹤珊聊长城》的出版一定会助力这项国家战略，也一定会受到读者的喜爱。借此书出版之际，也祝张鹤珊兄保重身体，毕竟我们都是超过 65 岁的人了。

中国长城学会副会长
燕山大学中国长城文化研究与传播中心主任

董耀会

2022 年 3 月

目 录

第一章 长城民间传说 …………………………… 1

白台子的来历 ………………………………… 4
雷殛砬的传说 ………………………………… 7
媳妇楼的传说 ………………………………… 11
"关门脸"的传说 ……………………………… 15
友谊松与城子峪 ……………………………… 18
九龙探江十八庙 ……………………………… 22
碾子沟传奇 …………………………………… 27
血染舍身崖 …………………………………… 30
将军石 ………………………………………… 34
大毛山与鹰嘴崖 ……………………………… 38
义乌兵巧做柞椤叶饼 ………………………… 42
找哥鸟 ………………………………………… 45
长城杏林 ……………………………………… 50
狮子、老虎、北斗星 ………………………… 53

逛楼……………………………………… 56
益母草与王学兰…………………………… 60
"李歪头"的故事………………………… 64
大石人、小石人…………………………… 68
狐仙与军火库……………………………… 72
天下第一菜窝窝…………………………… 76
"摇钱树"和乾隆饽饽…………………… 80
铁庙沟与大圣井…………………………… 83
高跷秧歌与大刀队………………………… 85
张家楼与腊八粥…………………………… 89
年饽饽……………………………………… 93

第二章 长城知识简介……………………97

城子峪关、城、堡、库简介……………… 100
明长城防御系统简介……………………… 106
明代的"夜不收"………………………… 112
空心敌台驻守军简介……………………… 114
长城建筑用砖……………………………… 117
明代修筑长城的刑罚……………………… 120
明长城上那些有特色的建筑……………… 123
明长城空心敌台的编号…………………… 127

明代修长城的人力来源初探 ………………… 130

秦皇岛长城段中的某家楼 ………………… 134

第三章 长城奇遇 ………………………… 137

寻碑奇遇 …………………………………… 140

炸雷惊魂 …………………………………… 144

大蛇拦路 …………………………………… 146

老鹰留的纪念 ……………………………… 149

雷电惊魂击山岗 …………………………… 152

第四章 长城诗词 ………………………… 157

老柳 ………………………………………… 160

张家楼 ……………………………………… 161

无题 ………………………………………… 162

亲情 ………………………………………… 163

巡城 ………………………………………… 164

长城秋 ……………………………………… 165

农家院 ……………………………………… 166

无题 ………………………………………… 167

人生 ………………………………………… 168

剪枝 ………………………………………… 169

老伴住院 …………………………………… 170

巡城晨曲 …………………………………… 171

多字歌 ……………………………………… 172

归宿 ………………………………………… 173

敌楼观景 …………………………………… 174

敌楼遇雨 …………………………………… 175

长城云海 …………………………………… 176

友人来 ……………………………………… 177

巡城归来 …………………………………… 178

村居 ………………………………………… 179

春风 ………………………………………… 180

长城情 ……………………………………… 181

后记 ………………………………………… 185

第一章

长城民间传说

城子峪长城日出 / 张鹤珊摄

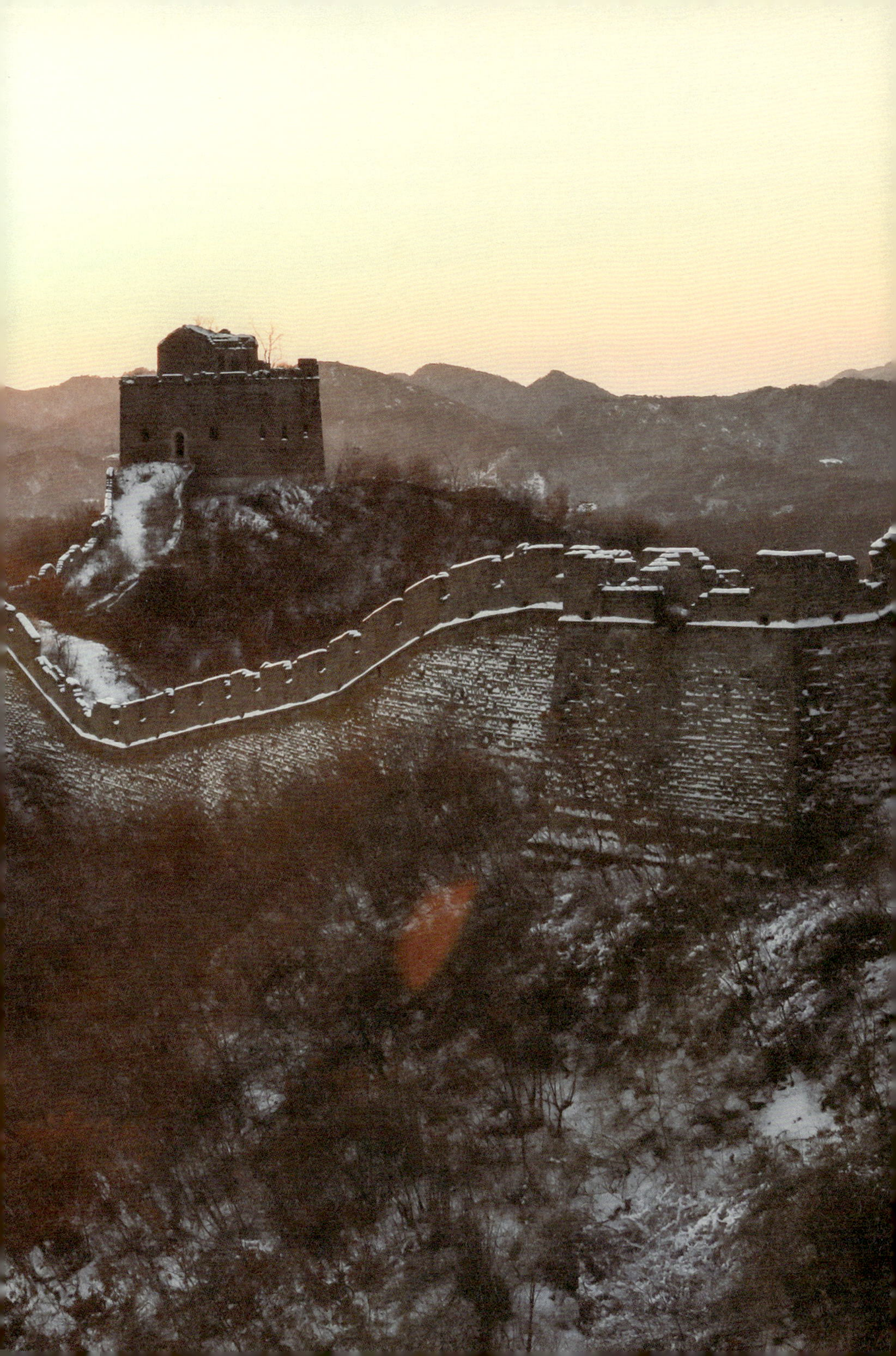

白台子的来历

地方志中对城子峪关是这样描述的:"城子峪关,明嘉靖元年(公元1522年)修建,关口处有一河,河东侧有一酷似铁锅倒扣的山包,高二、三十丈,两侧有狭窄的深涧,旧筑空心敌台阻塞涧口,东西两山相距半里……"

这个被称为倒扣铁锅的山,就是白台子山,那么,这座山为什么叫白台子呢?这还得从明代修长城说起。

相传,明弘治十二年(公元1499年),右副都御史洪钟奉旨主持修筑大毛山至义院口窟窿台之间的长城改线工程,把这段长城线上原来的城子峪关南移了两千五百米,这样,城子峪关就形成了新旧两座关口,这白台子山就是新修的城子峪关的北端起点。

当时,在城子峪一带主持施工的是一个姓范的管工,此人被人称为"酒鬼",是个"不喝正好,一喝就多"的人。那日,新

第一章
长城民间传说

白台子／张鹤珊摄

改线的长城修到了白台子山头上,由于这里山势走向很多,所以,施工单位就派人前去向范头请示。范头正喝到兴头上,突然被人扰了酒兴,气不打一处来,指着来人的脑门子就骂道:"你个猪脑子,万里长城都是在山岭上走,哪有往山下修的?滚!"来人被骂了个不痛快,回去就告诉工头说范头让往上修。于是一万多人的施工队伍，挖壕的挖壕，砌墙的砌墙，筑台的筑台。

范头一觉醒来，觉得内急，便东倒西歪地走向厕所。他抬头往山上一看，觉得修的长城走向仿佛不大对劲，于是急忙跑回屋中，拿出图纸一看，头上的汗立马冒了出来，酒也醒了，三步并作两步地跑上山去，急令停工。然而为时已晚，两道壕沟已挖完，正在砌边墙，而壕沟边的山头上，一道约二百米长的石砌长城已封顶，上面还修建了一座十四米见方的烽火台，烽火台也已经收顶，正在砌口……

范头被斩首了，而那段长城就成了长城主线上的一条"小尾巴"。山顶上的大台子高耸着，因为修错了，人们称此台为"白修台"，慢慢地就叫成了白台子。

其实，传说归传说，这段长城以及壕沟并没有白修，在明代时曾起到了积极的防御作用。

20世纪90年代栽植果树，笔者与另一村民在挖果树坑时，无意间曾挖到一座坟墓，墓中发现尸骨三具，其中一具没了一条胳膊，另一具少了脑袋，第三具尸骨周围散落着十二只箭头，其材质与笔者从明代军火库遗址捡到的铁质箭头一样，证明其人是明代的守关士兵，身中十二箭而亡。

白台子山上，一切明代建筑遗址皆存，并在这里形成了三边汇一楼的长城景观，这里关、堡、台、壕、墙，样样俱全，山下还有当时边关贸易的旧址。

雷砸砬的传说

相传，明万历三十五年（公元1607年），城子峪段的长城进行包砖工程。施工队伍是真定车营，这是一支能征善战的队伍，当年在蓟镇所辖不少地段修过长城，但这次包修城子峪村东扁楼洼包砖工程却让他们着实头疼，原因之一就是砖的运输问题。当年修筑长城的青砖烧制，是本着近水、近土、近柴的原则，而他们承担的八十九号至九十号敌台的二等砖边墙，地处高山顶，山高林密，交通极不方便。而且这次工程要求质量高、工期紧，如果延误工期，按当时的军法当处斩。

城子峪驻军的头儿就是大毛山提调官（大毛山提调驻城子峪），他和真定车营的头领一块儿商量办法，最后决定张榜招贤：不论军民，凡能解决扁楼洼工程用砖运输问题的，赏白银三百两。但是，告示贴出几天，没人来应，这可把修长城的头儿们急坏了。

这一日，城子峪村正赶上娘娘庙会，当年传说城子峪村娘娘

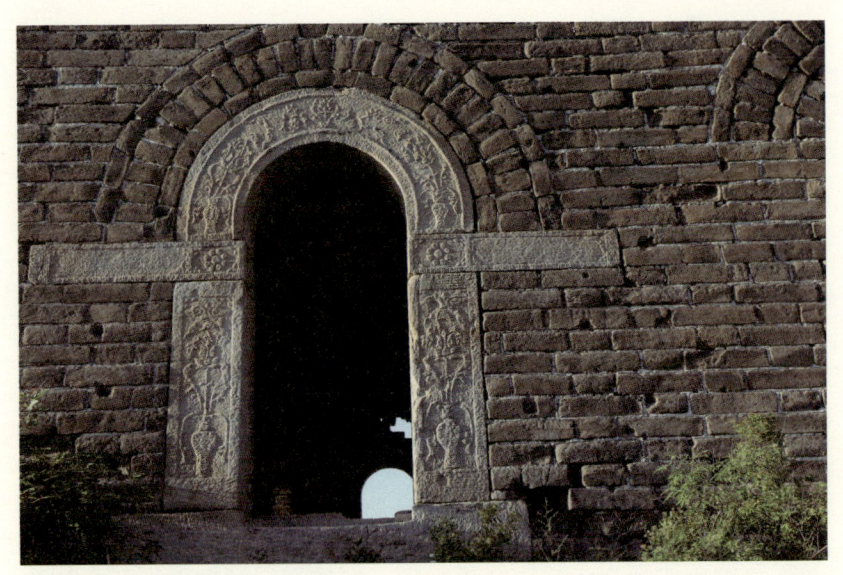

长城敌楼雕花券门 / 张鹤珊摄

庙的送子观音十分灵验,附近百八十里的人们纷纷前来烧香求子。一时间,城子峪关里关外热闹非常。这时,一个从关外来的小伙子看了告示后,就向守候的军士打听:"敢问这位军爷,此事可当真?"军士答道:"军中无戏言。"

就这样,这位小伙子便给真定车营立了"军令状"。原来,小伙子是放羊的,家住离城子峪不远的旧关村,家里养了一百五十只马山羊。这种羊身高体大,壮年汉子骑上没问题。小羊倌上山砍来葛藤,每只羊驮两块砖,一次三百块,一上午驮三次,下午吃草,砖的运输难题就能解决。提调官和车营官兵都十分高兴。

可是高兴了没几天，小放羊的便愁眉苦脸找上门来了："军爷，这几天出了怪事了，隔三差五地，运砖的羊就会少一只，这样下去，不但误了运砖的工期，小的损失也受不了呀！"说着竟哭了起来。

提调官一听气就不打一处来，他啪地一拍桌子："哪个王八犊子干的？看我不剥了他的皮！"说罢气呼呼地把手下人马紧急集合起来："哪个贼大胆偷了羊？给我站出来！"官兵们一个个大眼瞪小眼，丈二和尚摸不着头脑。提调官见无人承认，便威胁说："等我查出来，军法处置！"

然而，隔三差五地羊还是在减少，既然肯定有贼，哪能没一点线索呢？这一日小羊倌让哥哥替他赶羊驮砖，他自己拿了把镰刀悄悄地躲在羊经过的树丛中，这一下真相大白了。原来，在一座大石砬子里住着一条黄松蛇。这蛇已长到水桶一般粗了，每日羊从砬子底下经过，黄松蛇便从洞中探出身子，把羊吞进腹中。

小羊倌一溜烟跑下山去，找到提调官，一五一十地把情况一说，并请求提调官派弓箭手去射蛇。

这些弓箭手都是百步穿杨的神射手，听说要去射蛇，一个个摩拳擦掌，跟随小羊倌直奔山上。

城子峪距黄松蛇盘踞的山洞约有三千米，他们刚刚到达八十九号和九十号敌台之间，只见西北边乌云翻滚，电闪雷鸣，士兵们只好躲进敌台中避雨，突然，眼前一条金龙盘旋，一个炸雷响过，黄松蛇盘踞的山洞被殛成两半，死蛇的血肉溅到了砬子上……

八十九号台至九十号台，二等砖边墙六十丈六尺如期完工，非常坚固，直到今日，仍然留有明代的基本原貌。而那个被雷劈成两半的大砬子，仍然耸立在那里，人们称之为雷殛砬。

第一章
长城民间传说

媳妇楼的传说

万里长城上有无数座雄关险隘,毫不夸张地说,"万里长城故事多,块块砖石有传说"。董家口的媳妇楼传说便是其中之一。

话说明朝隆庆年间,戚继光从福建前线奉调北方防守蓟门,总理蓟镇练兵事务。为了加强部队建设,他特地从山东、浙江等地调来壮丁,加以训练,这就是有名的戚家军。

在这支部队中,有一位小伙子名叫吴三虎。小伙子长得虎背熊腰,原来在山东老家时,曾和父母一起走街串巷,打把式卖艺,练出了一身好本事,可以说三五个人近不了身,加之小伙子勤奋又勇敢,在部队几年,因功升为楼台总旗。

然而,人生并不是一帆风顺的。那年月,交通不便,加之边关防务吃紧,吴三虎已几年未回家,家中只剩年迈的父母。眼看自己的身体一日不如一日,二老便张罗着给三虎定了媳妇。那年头都讲亲上加亲,三虎娘为他订的媳妇是他舅的独生女儿,即他的表妹王秀英。

哪知双方老人为三虎、秀英定亲后不久，便相继去世。临终前，老人告知王秀英，已经把你许配给你表哥吴三虎，我们不在了，你就变卖家产，到董家口去寻未婚夫吴三虎。

对于一个年轻女子，千里寻夫谈何容易。王秀英历尽千辛万苦来到了万里长城董家口关。虽然说是表兄妹，但几年不见，加之油灯如豆，夜色阴沉，吴三虎没认出表妹。当表妹说明原委，二人便抱头痛哭。

突然，门外有哨兵来报，董家口关有敌骑趁夜来袭。吴三虎抹去眼泪，抄起兵器便朝长城奔去。天黑得伸手不见五指，秋风夹着冷雨，烽火台上的信号发不出去，情况万分紧急。吴三虎提起火把便朝烽火台奔去，他知道，如果不尽快把敌人来袭的消息发出去，董家口关就有可能被攻破，那后果不堪设想。

吴三虎飞奔着，但那火把却把敌人惊动了。敌人纷纷放箭，吴三虎不幸中箭倒下了。一直挂念未婚夫的王秀英，一见火把突然倒下，便不顾一切地朝火把倒下的地方奔去。三虎说："不要管我，快去帮助哨兵点燃烽火，不然，董家口关被攻破，敌人将打进中原，后果不堪设想。"于是王秀英抄起火把，猫腰朝烽火台奔去。

信号终于发出去了，号炮声声震夜空，但当王秀英回来抢救未婚夫时，吴三虎已因失血过多为国捐躯了。

媳妇楼 / 张鹤珊摄

　　王秀英哭得死去活来。但是,当蓟镇总兵戚继光闻讯前来处理善后事宜时,王秀英坚决不要国家给的抚恤金,而是立下血书决心从军报效国家,替未婚夫守卫边关。为了明志,王秀英把自己的名字改为"王学兰",决心以花木兰为榜样,为国尽忠。

　　身为主帅,戚继光当然知道边关的困苦,但是看到王学兰的一腔报国之心,他批准了王学兰的请求,并从董家口村挑选身强力壮的已婚青年妇女五十名,陪伴王学兰守卫董家口八十七号敌台。因为此台的守卫者全是小媳妇,人们便称它为"媳妇楼"。

"忠义报国"雕刻 / 张鹤珊摄

  为了表彰王学兰的爱国精神,戚继光大帅亲笔为王学兰题写了"忠义报国"四个大字。为了报答戚大帅的恩德,也为了以此激励自己,王学兰特意请来石匠,把这四个大字刻在自己守护的敌楼门石框上。现在这四个大字仍保存完好。

第一章
长城民间传说

"关门脸"的传说

明朝时,大将军徐达奉命修长城,先后修了永平、界岭等三十二关。相传,在朝廷规定的期限内其余的都修好了,唯有城子峪关修不起来,原因只有一个:城子峪关修在河谷内,底下全是碎石,地基打不起来。

这事可急坏了徐达,他便把修三十二关的能工巧匠全都集中到了城子峪,看风水的看风水,察地形的察地形,其中建造九门口关的工匠提出像九门口长城的地基一样,将打磨好的巨型条石,用燕尾槽对接连成一片。官兵们在群山采石,干了三个月,关城的墙刚垒起一人高,就被一场山洪给冲毁了。此事并非只是民间传说,笔者曾在城子峪关遗址下三百来米处的河谷中捡回两块已毁了一部分的条石,上面的燕尾槽完整如初,两块对起来仍如当年,可见当年修城子峪关的确是用条石砌的地基。

话说城子峪关城墙屡修屡毁,令徐达十分发愁。风水先生又

"关门脸" / 张鹤珊摄

出主意,说是砌地基时冲撞了河神,只有烧香上供,请求河神原谅,城子峪关才能修好。于是,徐达下令杀猪宰羊,三牲大礼摆供,又请来唢呐队和秧歌队助兴,一时间城子峪关的河谷内唢呐悠扬,鞭炮齐鸣,声震山谷。可是当关城墙体垒到一人高时,又被洪水冲毁了。

徐达只得快马回京找牛鼻子老道刘伯温想办法。他把情况一说,刘伯温便掐指算了起来:阴阳五行八卦、天干地支、甲乙丙丁,最后想到了一个办法——镇！

一日，刘伯温叫来了徐达，交给他一张画，画面是一个睁着眼睛的怪兽头。此兽头非牛非马，非龙非虎，是个牛嘴龙角麒麟眼的东西。徐达听了刘伯温的耳语，高兴地回到了城子峪。

半个月后，画上的兽头便被石匠雕成了石像，被安放在城子峪关四个水门正中的拱上。说来也怪，以后无论发多大洪水，城子峪关都丝毫无损。

由于谁也叫不上这四个石雕兽头的名字，而它们又安在关门上，所以，当地老百姓便称其为"关门脸"。笔者家中曾有一个（现已安放于板厂峪长城文化展馆），其余三个下落不明。

友谊松与城子峪

城子峪村口有一株"友谊松"。这棵古松是哪一年栽种的?为什么叫"友谊松"呢?

相传,城子峪村是在明洪武十四年(公元1381年)修建三十二关时才形成的村落。当年,在这块高岗上,有东、西两个自然村,西边的叫西家庄,东边的叫城子峪。由于村民都是长城守军的后裔,祖上都是从义乌来的老乡,加上两个村庄鸡犬之声相闻,因此人们互相攀亲,往来密切。

可是,由于这里是一个脚踏两省(河北省和辽宁省)、三县(青龙、抚宁、绥中)的交界地,所以经常受到蒙古骑兵的骚扰。特别是到了明代中、晚期,东北女真人逐渐强大,这里就成了边防前沿阵地,经常受到强敌袭扰,村民饱受摧残。

明嘉靖元年(公元1522年),朝廷下旨在城子峪村修建城子峪堡。据《卢龙塞略》《永平府志》记载,城子峪堡石城高二丈四尺,

戚继光雕塑

周长一百三十九丈三尺,设西、南二门。现存南门遗址。

  堡成之日,迁西家庄、城子峪两村的百姓至此,以保障他们的生活不被袭扰。两个村庄的百姓自古友好,今日喜迁一堡更是高兴,但有一事却令他们差一点翻脸,那就是庄名问题,是叫西家庄?还是叫城子峪?双方争执不下。后来,大毛山提调官出面调解,决定抓阄,一切听天由命。一个阄上写着城子峪,另一个阄上写着西家庄,最后,城子峪胜出。从此,这个村庄就叫城子峪。

  经过此次事件,双方都觉得关系闹得不太融洽,于是就商量着共同做一件事,以表明两村村民的友谊还是深厚的。就这样,

"友谊松" / 张鹤珊摄

双方决定在城堡南门外的高台上各植油松一棵,象征两村百姓之间的友谊万古长青。

年复一年,两棵油松在全堡人民的精心呵护下茁壮成长,但是,一时又取不出令大家都满意的名字来。到了万历元年（公元1573年），蓟镇总兵戚继光到城子峪一带"阅视边务"，老百姓听到这消息欢呼雀跃，恳请大毛山提调官出面，盛邀戚大帅为此二松命名。

戚继光听了介绍后说：既然此二松象征两村百姓的友谊，那就叫友谊松吧！从此，城子峪村口的这两棵松树就成了全村老百姓心中神圣的吉祥物，世世代代用心血甚至生命来呵护它。

1940年，日本侵略军的铁蹄踏进了城子峪，他们用刺刀逼迫老百姓拆长城砖，并运到张家大院修炮楼。两座炮楼修起来了，可是后山一带的长城却被毁了。日本驻军小队长小野在城子峪一带实行"三光"政策，制造无人区，聚家并屯，甚至以杀人取心下酒取乐！日军投降时，小野因痛恨当年戚继光抗倭，迁怒于戚继光命名的友谊松，一把火把它给点燃了。

全村近三百口人闻讯无不义愤填膺，除老、弱、病、残和儿童外全部上阵担水救火。全村人民奋力抢救，终于救活一棵，另一棵却死去了。

如今，活着的这一棵，亭亭如盖，枝繁叶茂，成了城子峪村的象征。许多电影、电视剧来此树下取景，全国各地的游人到此，都会在松树下合影留念。2006年，笔者上报材料和照片，为这株油松申报地方名树，让这棵已四百多岁的高龄古松站在古城堡门口喜迎八方游客，讲述当年发生在这里的金戈铁马的英雄故事。

九龙探江十八庙

在城子峪村南的一座小孤山上，如今还耸立着明、清两代的高大石碑各一块，碑上雕龙活灵活现。特别有价值的是那块明代石碑，上面的碑文是明万历二十三年（公元1595年）蓟镇石门路大毛山提调丁世用亲笔撰写的。据年老的百姓介绍，当年像如此规模的碑刻，城子峪少说也有百八十块。那么，现如今人口已不足三百的小村，何以会有如此多的石碑呢？

相传，明洪武十四年（公元1381年），大将军徐达奉命卫戍北疆，他发燕山等卫屯兵一万五千一百人，修永平、界岭等三十二关，城子峪关即其中之一。为了方便施工，节省劳力和原材料，更为了节省工期，徐达聘请了一大批土木、建筑专家和风水先生选择长城的走向、路线，用现代时髦话说叫"科学论证"。

这些专家、工匠和风水先生来到城子峪之后，就把城子峪附近的山形、水系都看了个遍，其中有一位自称大师的风水先生站

第一章
长城民间传说

城子峪风光 / 张鹤珊摄

在城子峪村北的山头上四望，忽然一拍大腿惊呼道："此地乃九龙探江之风水宝地，将来肯定出皇帝！"

此话一出，专家们一个个目瞪口呆，顺着先生所指的大山一望，整座大山果然像一条巨龙，张牙舞爪地从西向东飞腾而来，再看四面群山，果似条条巨龙飞来，一个个仿佛从天而降，又仿佛是口渴了，一头扎进清澈的大石河里。

经过风水先生的指点和活灵活现的描述，众人你一言，我一语。这事一传十、十传百，最后，甚至住在京城的皇帝都听说了。

这一下惹了大祸了！你想啊，天下只有一个皇帝，如果城子峪再出一个皇帝，那还了得？这事非同小可！皇帝一道口谕，急召刘伯温上殿。刘伯温对阴阳五行、八卦那可是了如指掌。皇帝把此事跟他一说，他便请皇帝给他下一道密旨，让他相机行事。

几十天后，偏僻的边关小村城子峪来了许多神秘人物，他们对外宣称是朝廷派来巡视边务的"代表团"，实则是刘伯温率领的专家团来城子峪找龙脉的。

刘伯温率领的团队成员都是专家，对于九龙探江之说一看就明了。可是，一个难题却让刘伯温没了主意：一条龙的龙脉好办，找些百姓挖了龙脉即可，但这九条龙的龙脉要是都挖起来，不但得兴师动众，花费巨大，而且，这事要是传扬出去，破坏了小村的风水，挖了村中的龙脉，那老百姓还不跟你拼命？这该如何是好呢？

明代长城碑 / 张鹤珊摄

　　刘伯温正在苦思冥想，突然大毛山提调来见。相谈之中，刘伯温突然大喜。原来，这大毛山提调所辖长城有小河口、大毛山、董家口、柳河冲、城子峪、水门寺、平顶峪、长峪等关堡，今天就是驻操营为城子峪村的三元庙请提调官来撰写庙宇碑记的。

　　刘伯温与大毛山提调密议后第二天，一张告示贴了出来，大意是说，朝廷为了表示对守边官兵的关怀，号召地方政府广积钱粮，以修建十八座寺庙。因为庙会对当地经济发展、税收增加、人民的生活水平提高等等都有好处，所以号召当地百姓、商贾、乡绅等，有钱的捐钱，无钱的出力。很快，十八座庙宇落成了。

  善良的百姓还以为真是朝廷的恩惠，烧香礼拜，千恩万谢地送走了巡视边务的"代表团"。可是，当初惊呼九龙探江风水宝地的那位先生仔细一看一下子傻眼了，十八座庙宇全都建在九条龙的龙头和龙尾上了，龙脉被锁住了，城子峪永远也出不了皇帝了！只留下九龙探江十八庙的传说，代代相传，直至今天。

碾子沟传奇

城子峪是明长城线上一个不起眼儿的小关口，城堡占地二十五亩，最初这里只有六十九户人家。但到了公元 1571 年，蓟镇石门路大毛山提调衙署却移驻到了这里。从此，这里便成为明代中晚期山海关以北的一处重要边关要塞，一系列建制这里全有，如军火库、兵器修理行、监狱、草料场等等。军粮则藏在一条大山沟中，这条沟，就是碾子沟。

为什么叫碾子沟呢？相传，笔者的祖先当年跟随戚继光从浙江义乌来此守边，他们守卫的那座敌楼至今仍被称为张家楼。那年头明朝政府为了节省开支，便在边关实行了屯垦戍边的政策，守军可在自己守卫的长城下开荒种田，三分守边，七分屯种，所收粮草，按比例充作军粮和草料，而笔者的祖先便在张家楼下开荒种地。

收了粮食，当然要加工后才能食用，所以，张家楼的主人便在地边向阳的石坎下打造了一盘石碾，用以碾米面。

说来有些奇怪，这块七高八低的山坡地上长的谷子，碾出的小米却是黄灿灿的，十分香甜，更为奇特的是，只有用碾子沟里的石碾碾出的小米才能有那种特殊的香甜味，人们百思不得其解。解不开就解不开吧，人们还是赶着毛驴或担着谷子上山去碾米，所以，当时在这方圆十里八村流传着一句顺口溜："小米干饭豆腐脑，哪也没有城子峪的好。"直到今日，每有游客到来，先到长城上去看一看古碾，回来时一定要品尝一顿张家楼后代做的小米干饭豆腐脑，这成了一道特色饭菜。

话说城子峪的小米出了名，又逢大毛山提调衙门迁到了城子峪，这样，为了加工方便，提调官就把军粮的仓库建到了离碾子沟很近的地方，现在此地还被老百姓称为"仓台子"。

城子峪有军火库、军粮仓的消息，不知怎么被蒙古部落首领董狐狸知道了。这董狐狸利用人们欢庆中秋的机会，率五百骑兵从山间小道偷袭碾子沟！

当守军发现敌情，点燃烽火、号炮时，董狐狸的部队已突进到碾子沟里，正在到处寻找军粮仓。山沟里人呼马叫，惊动了山头上张家楼的守军，张家全家和闻讯赶来的骆家守军一起，站在城楼上向山下施放滚木、礌石。那早就备好的大石头顺着山坡滚下来，巨大的惯性带动着山坡上的枯枝、碎石一起，轰隆隆朝山下滚去，把敌人赶进了沟里头。张家楼的张拱生等人，干脆把石

明代石碾 / 张鹤珊摄

碾上的碾轱辘随着大石头一块儿推下山去，这碾轱辘是圆形的，远看很像一门大石炮。董狐狸深知它的厉害，他丢下几具尸体，逃出碾子沟，又被闻讯赶来的守军追打一阵，狼狈地逃回了关外……

如今，那盘明代石碾还在原处，但是，由于碾轱辘已沾满了敌人的血腥味，老百姓忌讳，一直没用，它还躺在沟里的柴丛中。后来，张家楼后人又凿了一盘石碾，移到了城子峪村头，放在友谊松下，供人参观。

血染舍身崖

万里长城仿佛一条巨龙从山海关一路飞腾而来,也许是巨龙口渴了吧,原本南北走向,在城子峪东九十号敌台拐弯向西,一头扎进大石河中,喝足了水又昂首西去——这就是著名的长城大拐弯。这里城墙雄伟,高大空心敌台密集。城子峪关附近,每隔五十七米就有一座敌台,可见当年这里的战略地位之重要!城子峪西有一座不太高的山,长城蜿蜒在山脊上,山下便是历史上十年九灾的大石河。这山虽不高,但有奇特之处,南坡平缓,北面却悬崖百丈,人站在长城向下望,真是心惊胆战,现在有许多游人至此都"晕"山,吓得不敢从此经过。这个悬崖就是当地有名的舍身崖,那么为什么叫舍身崖呢?

明朝开国皇帝朱元璋死后,其孙朱允炆继位,称为建文帝。为了巩固自己的统治地位,建文帝大力削藩。藩王中以燕王朱棣实力最强,朱棣便以"清君侧"为名,发动靖难之役。四年血战中,跟随朱棣的一部分蒙古骑兵立了战功，朱棣登上皇位后，便兑现了当初许下的诺言，把明朝边地重镇大宁（今内蒙古宁城）送给了这部分蒙古骑兵的首领兀良哈，这就为以后明朝北边的一系列边事埋下了隐患。

在城子峪和城子峪旧关一带的老百姓中流传着当年大毛山提调卖给大辽国五里地的说法。城子峪旧关长城距城子峪关的距离正好是五里地，不知是巧合还是实有其事，反正民间都这么传言。事情是这样的：

当年大毛山提调卖给大辽五里地，把城子峪关南移了五里地，这事引起了城子峪村和城子峪旧关村人民的反对。这一卖，城子峪旧关村就成了关外之地，而城子峪村就成了边关前沿，原来亲如一家的两村人民，如今竟被一道关门隔开变成了两个"国家"。所以此事一传开，两村百姓纷纷集合起来，到大毛山提调衙门前示威游行，抗议这一卖国行为！提调表面上答应了百姓们的要求，暗地里却派人联络兀良哈，让其趁着城子峪新关城未建好之际进行偷袭。

敌人犯边，老百姓闻讯后，自发地组织起来，有的拿起棍棒，有的举着镰刀斧头，他们决心用自己的生命捍卫领土主权。但是，临时组织的老百姓，哪里是训练有素的兀良哈骑兵的对手？加之提调假装集合部队，却并不真打，结果，老百姓伤亡惨重！眼看群众被兀良哈手下的骑兵杀害，一部分百姓便退守到村北的长城

城子峪长城夕照 / 张鹤珊摄

上。当时长城上有各种火器,如虎蹲大炮、钢炮、佛郎机等。然而,当时的百姓从未接触过这些东西,他们根本不会使用,只能望炮兴叹!眼看几百名骑兵向山上冲来,明晃晃的弯刀在日光下闪着寒光,这些当年义乌守城兵的后代们宁死也不肯当俘虏,他们利用长城上的滚木、礌石打击敌人。最后,这些东西都扔完了,大家望一眼山下的家乡,望一眼正在建设的城子峪关,毅然一起跳下了悬崖。

将军石

将军和石头,似乎风马牛不相及,但是,《临榆县志》上却记有这块奇特的石头,而且就叫将军石。几百年来,它如同一位顶盔挂甲的将军,屹立在水门寺关外,今天的长城村口。巍巍青山,红了又绿,滔滔大石河,淘尽了几多英雄,然而,将军石仍在,似乎在向后人讲述着当年发生在这里的金戈铁马的英雄故事。

据民间传说,这位将军姓张,浙江金华府义乌县人,当年跟随戚继光抗倭有功,后又随戚继光一块调往北边,提升为石门路参将。此人爱民如子,当他听说石门路大毛山提调辖下的好几个村子的守军,原籍都是浙江义乌,便利用公余时间前去探望。在他的倡导下,城子峪村成立了"江浙同乡会",并且开了一个茶馆。由于同乡会人越来越多,经几次翻修扩建,茶馆最终形成了一个集餐饮、娱乐、休闲等为一体的场所。这就是长城沿线很少见的城子峪茶苑。

第一章
长城民间传说

将军石 / 张鹤珊摄

茶苑生意兴隆，张参将也常利用巡边到这里喝一壶家乡的茶、听一首家乡的曲子。有一次，他在茶苑中听说水门寺关外的深山老林中有一座古刹，始建于何年已不可考，此刹中有名的和尚三千，无名的多如牛毛，可见规模之大。

深山老林中无土地，那这么多和尚们吃什么，花什么？

原来，这些人根本不是什么和尚，他们中大多数都是有血案在身的逃犯、杀人越货的土匪、逃离战场的士兵等等，他们占山为王，打家劫舍，抢男霸女，无恶不作。据说当年庙里有南北两座地下宫殿，他们抢来的金银珠宝和女人，就藏在这里，供他们挥霍淫乐。他们的野蛮行径破坏了多少家庭，以至于这一带成了人人都怕的鬼门关。此地在明长城关外，不归大明王朝管，而关外的官吏却因其地处偏远，且又在深山老林之中而鞭长莫及。

这位参将闻听此事后，决心为民除害，安抚一方百姓，稳定边民的生活，于是便与大毛山提调一起研究方案，周密部署。

张参将率领手下三千人，汇合大毛山提调的官兵约五千人，冲进水门寺关。正好有一股匪徒就潜藏在庙内，张参将率大军冲进庙，与匪徒展开了激战。这些人都是亡命徒，一个个杀红了眼，死也不投降，战斗进行得十分惨烈。最后，当张参将带领士兵冲进地宫解救无辜群众时，一名藏在暗处的敌人朝张参将射了一支冷箭，而且箭镞上带有剧毒。

庙中的悍匪终于被消灭了，张参将忍着伤痛率队而归，走到水门寺关门口时中毒而亡。张参将去世的消息很快传到了义乌老家。他的夫人带着子女到长城脚下吊唁,附近十里八乡的村民也都携带祭品前来拜祭,一时间,高山呜咽,石河垂泪。他的夫人哭得死去活来,人们好不容易才把她劝到水门寺关内一户人家里歇息,第二天一大早,人们发现将军和夫人都变成了石头。这对夫妻隔河相望,仿佛在诉说着无限的思念。

据当地百姓讲,每当清明时节或是中秋之夜,夜深人静时,人们还会听到将军和夫人的对话哩!

大毛山与鹰嘴崖

董家口长城风景区内,钟秀山下有个小村,村东北山上有一巨石形似猫头,因而村名为"大猫山",但是,史书和人们却写成"大毛山",这是怎么回事呢?故事还得从明朝说起。

明朝时,现在的董家口长城景区属蓟镇石门路大毛山提调管辖,提调官衙就在大毛山城堡,现如今堡城仍在。但是,随着东北女真人的逐渐兴起、强大,原属大毛山提调管辖的城子峪关城的战略地位突显出来。特别是弘治十二年(公元1499年),洪钟主持这一带的长城改线工程后,新改线的长城退到了城子峪,使城子峪堡距边城的直线距离只有百米之遥。为了发展地方经济,又在城子峪关外设置边境贸易。公元1571年,朝廷决定把石门路大毛山提调治所从大毛山移驻城子峪,以加强对城子峪关的防守,但仍称大毛山提调。这本来是军事防守的一个部署,哪知蒙古部落的董狐狸借此施了离间计,险些酿成内乱,董家口关也差点丢了。

第一章
长城民间传说

鹰嘴崖 / 张鹤珊摄

原来,在明代,城子峪是兵家必争之地,这里山清水秀,物产丰富,所以,明代大毛山提调的军粮、草料等军需物资都藏在这里。董狐狸曾多次派人攻打城子峪关,有一次竟然打进了军粮藏地碾子沟;只是由于城子峪关军民坚决抵抗,董狐狸的每次进犯都是无功而返。

董家口、大毛山、城子峪一带的边军,大多数都是浙江义乌人,这些人能征善战,而且成立了同乡会,团结得跟一家人似的,一处有难,大家齐上。董狐狸知道如果不破坏这个统一战线,要想攻进城子峪、董家口,那几乎不可能。

董狐狸挖空心思,终于想出了一个主意。他用重金收买了一个风水先生,此人在当地被称为"李半仙",专门干些算命、看相、批八字、看风水之类糊弄人的勾当。李半仙收了董狐狸的好处后,来到了大毛山,在小村中散布谣言,说今年是"寡妇年",肯定有灾,并说灾难很大,弄不好就会颗粒无收,血流成河。他还悄悄潜进山里,暗中将猫头大石头的眼睛凿坏,然后潜回村里放风:"知道提调衙门为啥搬到城子峪去吗?人家城子峪有风水呀,不光有九龙探江十八庙的风水宝地,人家南面的山头叫鹰嘴崖。"说完,指着那座像鹰嘴的山峰说:"看见了吗,人家城子峪不但是雄鹰展翅,鹏程万里,而且……"说完神秘地压低声音说:"看见没有?那鹰嘴可是正冲着咱们这只猫哦!我敢断言,咱们这只猫肯定得让人家的鹰给叼了,如果它把神猫的眼睛叼坏,那咱们村的风水可就完了……"

话没说完,一个放羊汉子慌慌张张地跑回村中,逢人便说:"可坏了,咱们大毛山的神猫眼睛让人给凿坏了!"李半仙知道当地村民很迷信,就趁机煽动说:"哪是人凿的呀?那是被人家城子峪的鹰给叼的,完了!大毛山这回是完了。"

在他的煽动下，大毛山部分百姓四处串联，联合了全村所有的壮劳力，携带工具，趁着月夜上山，生生把那鹰嘴崖给凿断了。

这下可惹了祸，鹰嘴崖是城子峪村的风水，哪容别人破坏？城子峪的村民也挥舞锹镐棍棒到大毛山找他们算账，双方发生族人械斗，互有死伤，从此，两庄成了死对头，一方有难，即使天塌下来另一方也不管。这可中了董狐狸的诡计了，他集中优势骑兵，一举突破了小毛山关、大毛山关、董家口关、柳河冲堡，一直冲进关内，烧杀抢掠，给人民的生命财产造成了巨大的损失。

此事经地方官员上报到戚继光处，戚大帅深知城子峪关乃京师和蓟镇的东北门户，如果这里被突破，敌人就可长驱直入，对整个蓟镇乃至京师都构成威胁。于是戚继光于万历元年（公元1573年）、万历三年（公元1575年）连续两次在这一带"阅视边务"，调解边民矛盾，化解纠纷，最后把小毛山关并入大毛山，并把柳河冲堡并入董家口关，增设一名把总驻在城子峪正关河口。他用其人之道反治其人之身，使用离间计，智擒了长秃，迫使董狐狸亲率三百族人跪在董家口关外叩头乞降，发誓永不犯边。

通过上述事件，两个村的人民认识到团结的力量。从此，这两个小村十分友好，共同抗敌，在长城线上谱写了许多感人的故事。

义乌兵巧做柞椤叶饼

抚宁区董家口、城子峪一带长城脚下的山村中,有一种具有地方特色的风味小吃——柞椤叶饼,在当地可谓是相传年代最久的食品,但谁也说不清这柞椤叶饼是哪一辈儿传下来的。

一日,笔者巡视长城,来到河北、辽宁接壤处的大山上,遇见一个放羊老者,闲聊中,他给我讲了一个"瞎话儿"(笔者注:当地人称民间传说为"瞎话儿",意为没根据的口头传说)。笔者听了心花怒放,原来,这个令当地人百吃不厌的柞椤叶饼,不但和我保护的长城有关,而且,发明人还是浙江义乌兵——我家的祖宗哩!看来,我还得申请"专利"呢!

相传明朝万历年间,随着东北女真人的兴起,地处河北、辽宁交界处的城子峪关成了边关口岸。关外的一处平地上,建起了一座高十米、宽十四点五米见方的战台,上筑小屋,战时瞭望敌情,平时在下面的平地上进行边关贸易;商品以草为主,号曰草

柞椤叶饼

市，也捎带卖些双方居民必需的生活用品。随着城子峪关战略地位的逐步加强，明朝政府便把石门路大毛山提调治所移驻城子峪，并在这里设立了军火库、草料场、军粮库、后勤补给站、武器修造所等。这样一来，城子峪堡的守军也就越来越多。当时，边关形势越来越吃紧，经常有敌人的奸细和小股部队袭扰边关。有时，守军刚刚坐到饭桌前，敌人就不期而至，士兵们不得不饿着肚子去打仗。

话说万历十二年（公元1584年）十月，二百余敌骑偷袭城子峪关，由于城子峪关高墙厚，加之防守严密，敌人攻了多次，也无法得手。他们便后撤一里地,在河滩中埋锅造饭、喂马。城子峪关上的守军也松了一口气,除了一部分哨兵外,大部队都在城头上就地野餐。然而大师傅老张头把人数记差了,结果少了一个士兵的碗筷。那个士兵便到关城下,掰来两片大梓椤叶,用来盛饭。饭后,别人都没说什么,只有用梓椤叶盛饭的士兵夸张师傅今天的饭做得特别好吃,有清香味,遭来其他人的一顿嘲笑。但是,老张头的心却忽悠一下,眼睛一亮,急忙收拾餐具,下山的路上,顺手采了几片鲜梓椤叶,回到厨房便开始了"科学研究"。经过老张师傅几百次的"实验",最终"研制"成功了一种用玉米面、高粱米面做皮,用各种菜做馅,然后,用洗净的梓椤叶合起来蒸熟的食品,士兵们吃了,无不交口称赞。他们便问:"张师傅,这东西不但好吃,而且携带十分方便,敌人来了,我们揣兜里几个,有空了就可以吃,又不用炒菜,可是,就是不知道这食品叫什么呢?"老张师傅也没多少文化,便顺嘴说:"这叫梓椤叶饼。"从此,这种食品就在长城线上流传开来。

  直到现在,如果来到长城脚下,不吃上一顿野菜馅的梓椤叶饼,那就算白来一趟。

第一章
长城民间传说

找哥鸟

城子峪长城沿线,每当太阳升起或西下时,就会有一种鸟边飞边叫。奇怪的是它只在长城附近叫:"大哥呀!""大哥呀!"从东飞到西,从南飞到北,那凄厉的叫声在长城脚下的大山中传得很远很远,而且,一声比一声凄厉,最后,竟然如同哭泣一般。这就是"找哥鸟"。据说,这种鸟只在蓟镇长城线上有。

相传明朝万历年间,董家口、城子峪一带的长城包砖工程量大,需用很多的工匠,当地的工匠根本不够用。没办法,承建单位只好从全国各地招工匠,以期按时完工。

当时浙江金华府义乌县有一汪姓人家,全家四口人,一儿一女,父亲是当地有名的泥瓦匠,儿子汪仲已从小就跟着父亲学徒,二十多岁时,就成了小有名气的泥瓦匠。因汪家人缘特好,爷儿俩经常帮人忙,所以,十里八村的一提起汪家父子,没有不伸大拇指的。这一年,父亲看儿子二十多岁了,就托人给他介绍媳妇,一家人过得其乐融融。

哪知突然有一天，义乌知县率人来到汪家，开门见山地说："朝廷为了防守北边，准备对长城重要地段进行包砖，由于当地人手不够，皇上特地下旨从全国各地征招工匠，汪家父子必去其一。"

汪仲已知道父亲已年过花甲，且母亲身体不太好，妹妹又是个孩子，看来，这事只有自己去了。

一天，汪仲已把妹妹叫出来，塞给她一个小包："妹，咱爹妈老了，你也十几岁了，哥明天就去北边修长城了，这是我平时攒的零用钱，你留着花吧。我走后，你要孝敬父母，家里能干的活儿多干一些。"说完，兄妹二人洒泪而别。

汪仲已随着大批匠人来到北边，他被分配到城子峪一带，对长城进行包砖。他活计好，人又实在，哪个部队都喜欢他。汪仲已从城子峪到董家口、平顶峪、板厂峪、拿子峪……一连干了五年。他想家了，但几次请假，长官都说工期紧、任务重，不予批准。一晃又是五年过去了，可是长城工程没完没了，汪仲已始终回不了家，每当他站在高山顶上的长城上眺望家乡的方向时，心里都有莫名的感伤。

话说汪仲已一去十年，家乡发生了巨大的变化。父母亲由于思念儿子相继害病去世，妹妹一个女儿家，不得不变卖家产，埋葬了父母，最后，在亲朋好友的帮助下，踏上了去北方寻哥之路。

明代中晚期社会不太平，全国各地农民起义不断，有的地方

第一章
长城民间传说

城子峪长城春色／张鹤珊摄

土匪横行,鱼肉乡里。汪仲已的妹妹一个女儿家,从未出过远门,这一路上可谓吃尽了苦头,但为了早日寻到哥哥,她不顾一切,艰难地向前走着。

这一日,也不知到了哪里,更不知离哥哥修长城的城子峪还有多远,她来到了一座较大的集镇,找了家饭馆吃了饭后,向一位老太太问路。

老太太特热情,不但耐心地告诉她这里是什么地方,还告诉她,这里距离她哥哥修长城的地方还剩八百里了。最后,老太太热情地说她是到山海关附近的,正好顺路,如果姑娘愿意,可和她们一路搭伴同行。

姑娘一看,老太太领着的人全是小姑娘,心也就放下了。她想之前一路上提心吊胆,连个说话的人也没有,这下算遇到好人了,所以,姑娘连想都没想就答应了。那些和老太太一块走的姑娘们却用异样的目光看着她,可姑娘根本就没往心里去。

走了十几日,来到一个镇子,老太太让人领来一个男人,说是从城子峪长城来的边军,到这一带采办药材的,正好回城子峪,让姑娘和他一块儿找哥哥。马上就要见到哥哥了,姑娘的心里充满了温暖,她什么也没想,背起自己的包袱就跟那个男人去了。

走了一天来到一大户人家,那男人让她等着,说是去换文书,哪知,一去不见人影了,到了掌灯时候,她才知道自己已经被人贩子卖给了一个老财主做小妾!

姑娘的脑袋嗡的一声,一切美好的愿望刹那间化成了泡影,她恨,她哭,她闹!可是,老财主是花了二百两银子从人贩子手中把她买来的,岂能放了她!所以,派了好几个人日夜轮流地看着她。有几次,她借上厕所的机会逃跑,但是没跑出几里地就被抓了回去。姑娘绝望了,她想到了死,她开始绝食。

时间一天天过去,姑娘望着窗外飞过的燕子,她多么希望自己能变成一只燕子,自由自在地飞翔,去找自己的哥哥呀!

几天后,姑娘拖着伤痕累累的身体和一脸的愁容去了,她带着一颗破碎的心走了,她变成了一只鸟,飞向了万里长城。

从此,无论刮风下雨,也不论早晨傍晚,在城子峪、董家口至山海关一线长城上,都能听到一只小鸟在边飞边叫:"大哥呀!大哥呀!"几百年来,她总是这样叫着,这样找着,它飞遍了这一带所有的长城,叫遍了这一带的山山水水,一直这样找着,叫着……人们管这种鸟叫"找哥鸟"!

长城杏林

每到春季，城子峪村东二道梁附近，漫山遍野的山花如同海洋一般，令多少游人流连忘返，令多少摄影者留下了美好瞬间。这里的花是古长城的分界线，长城以北全是杜鹃花，漫山遍野，红成一片，雄伟的万里长城敌楼，就仿佛一艘艘小船航行在花海之中。而长城以南呢？竟是另一番景象，遍地的杏花如同雪原上成千上万的少女身披洁白的纱巾翩翩起舞，那淡淡的芳香引来了无数的蜂蝶和鸟雀。那么，古长城两边为何会有如此美景呢？这还得从明朝义乌兵守长城说起。

相传，明朝戚继光在蓟镇修了空心敌楼后，从江浙调来九千士兵守卫，在城子峪头道梁上是张家守楼，三道梁是骆家戍守，两家互敬互帮，患难与共，风雨同舟。

有一年天大旱，庄稼颗粒无收，老百姓连草根树皮都吃光了，没办法，有些人便到山上挖山药、捡橡实充饥。好不容易熬到了

第一章
长城民间传说

夏至。当地有句俗话,叫作"麦子黄,饿死娘",何况天旱无雨,地里什么也不长,河里一滴水也不见,连人畜的饮水都成问题了。按当地的节气,每到夏至,山上的野山杏便可以采摘了,但是人多粥少,附近十里八村近万人,一齐涌上山去,别说摘山杏,有的人连杏是什么样也没看见。结果,摘着的和没摘着的闹起了矛盾,甚至有人抢劫,大打出手,更有甚者,村与村之间发生了械斗,很多老、弱、病、残者在械斗中死伤。

面对此情此景,张家和骆家的所有族人,全都动员了起来,他们把以往采捡的山杏核,全部种在了山上,希望山上能长出成千上万棵杏树,以挽救这一方百姓。

也许他们的善举感动了上天,老天爷竟然下起雨来,一方百姓终于得救。第二年春天,二道梁一带长城脚下长出了无数山杏树,也许是这里的土壤、气候特别适宜吧,这杏树长得非常快,第二

城子峪长城秋景 / 张鹤珊 摄

年就开花了,张家和骆家人心里都乐开了花。

又不知过了多少年,这一带的庄稼刚长到一米多高,突然一场大风夹着鸡蛋大的冰雹,在地上足足堆了一尺厚。眼看地里又绝收了,人们又去山上挖山药、草根。但是,当他们来到二道梁一看,全都吃惊了:这里一个冰雹也未下,满山遍野的山杏黄灿灿的,挂满了枝头。人们尽情地采着山杏,拿回家去掉壳,用杏仁熬粥,这就是"杏仁粥"了。

山上的山杏终于帮助老百姓渡过了难关,骆家和张家心里别提多高兴了。这事一直传到北京,在朝为官的骆鸣春老人,闻讯给家人捎来书信,说他死后,一定要把他葬到骆家楼下,他要祖祖辈辈守护骆家楼,守护骆家楼下的杏树林。

如今,骆鸣春的坟和骆家楼一带的杏林,已成了古长城上绚丽的风景,每年都有无数游人来此拍照、赏花。

狮子、老虎、北斗星

很久以前，记不清是哪一年了，浙江金华府义乌县张、王、姜、董四大户被征调到河北东北部守长城。张、王、姜三户分守城子峪，这就是张家楼、王家楼、姜家楼的祖先。而老董家呢？由于哥们儿弟兄较多，他们一大家子被分到城子峪东的一个口子，这个地方便被人称为董家口了。

话说这一带原来全是荒无人烟的原始森林，野兽是这里的主宰。森林中说了算的就是一只狮子和一只猛虎。它们统治着这一带所有的动物。这几户人家来守长城之后，人口越来越多，山上开垦的土地也越来越多，狮子、老虎的"领地"受到了威胁。所以有一日，狮子、老虎碰到一起商量对策，它们决心给人类点儿教训，让他们知道毁林开荒的后果。

几天后，董家口老董家养的几只老母鸡全让狐狸给叼走了，圈里的大肥猪也没了踪影。城子峪也好不到哪儿去，张家楼十几只山羊，一天夜里全被咬死；姜家、王家的庄稼地全被野猪糟蹋得七倒八歪，新栽的果树被连根拱掉。开始时，他们下些套扣、铁夹之类或是敲锣打鼓还能把这些野兽吓跑，但后来就是放二踢脚，它们也不怕，大白天也敢进家去祸害人，吓得家家闭户，小孩不敢出门。边军守城也不得安宁，生怕家里发生什么事。

董家口关附近的窄门沟口，有一座山神庙，庙不大，庙里的山墙上伸出一棵大杂树。这一日，董家老汉到庙中烧香，请求山神帮忙，降服恶虎、猛狮，以保一方百姓平安。

那是一个月圆之夜，董老汉半夜醒来出去小解，突然听到山里人喊马嘶，他壮着胆子拿把斧头打开门去看，只见无数天兵天将正在追赶那为害一方的狮子和老虎。一个白胡子老头把铁链子一甩，一下子就把老虎给锁住了，接着就把它拉进山神庙中，拴在庙中那棵老杂树上。等白胡子老头再出去抓那狮子时，狮子已经跑远了。白胡子老头返回庙中，顺手从灶台上拿起一把饭勺子就追出门去。当白胡子老头追到头道梁时，发现那狮子已经跑到长城脚下的高岗上，眼看就要钻进南面的森林。说时迟那时快，只见白胡子老头抖手一甩，一道金光射出，那饭勺变成一张天网，一下就把那狮子罩住了。白胡子老头追到高岗上，用手一点，那狮子变成了一只石狮，被白胡子老头安放在一个石台上。白胡子老头摆弄好狮子后，就敲开了城子峪老张家的门，把张、王、姜三姓都集合起来，指着地上的饭勺子说："你们可看见了？"三姓人家顺白胡子老头手指的方向看去,只见一个其大无比的饭勺子放在地上,它头朝东,勺子把在西面长城脚下的小河旁。白胡子老头指着那地方说:"这里是块风水宝地,你们将来搬到这里,就按这个形状建房修屋,一定会人丁兴旺。此狮已被我点化,将来可为你们村守住城堡,祈财求福保平安,切记,切记!"说完,飘然而去。

张、王、姜三户众人听后,惊得目瞪口呆,他们知道遇上神仙了,便赶紧跪下,磕头谢恩。起身一看,只见身后有一高石台,台上果然蹲坐一个石狮。

随着时光流逝,城子峪渐渐形成了村落,后来又形成了关口;嘉靖元年(公元1522年)朝廷又在这里建了城子峪堡。说来也巧,那城堡的选址,正是当年白胡子老头饭勺子勺头所在的地方,丝毫不差。更奇的是,那尊石狮子正好坐落在城堡城墙拐角处,也就是八卦中的巽宫方向,被人称为"镇东"。

现在,当你站在教场山上往下看,就会清楚地看见城子峪村的造型是个北斗星,充满奇妙。

逛 楼

每当周末或节假日,城里人都会去逛商场、超市。长城脚下的山村中没有商场、超市,却有一个从明代沿袭下来的习俗,叫作逛楼。楼就是长城上的空心敌楼,那么,逛楼又是怎么回事呢?这还得从明代修长城说起。

话说明隆庆二年(公元 1568 年),戚继光奉命北调,任蓟镇总兵,总理练兵事务。戚继光爱兵如子,他在视察边关时发现,边防哨兵都是站立在风雨霜雾之中,于是他决心为士兵修建能遮风避雨的空心敌台;在取得朝廷允许后,首先在蓟镇建起了一千多座。敌楼建起来后,一个新的问题又出现了,那就是守楼的问题。大家也许知道,那年代,九边重镇的兵马名额是纳入财政预算的,如果在蓟镇这一千二百多公里的防线全用正规部队来守边、放哨的话,一是部队兵员分散,不好集中;二是当时的蒙古骑兵并不是全年全天候作战,因为十几万骑兵,光是马饲料的供应就是一

第一章
长城民间传说

逛楼 / 田立摄

个大问题,因此蒙古骑兵大多在粮草丰盛的时候入侵。这就是说,如果平时用正规战斗部队放哨巡边,财政就会增加许多开支。那么,如何解决这个难题呢?

戚继光从浙江调来九千人,把他们训练成士兵,又特别允许他们带家属一起来,用句时髦话讲,这些人就是现在的预备役战士或民兵!朝廷给这些人一部分补贴,然后实行三分守边、七分屯种的政策，打下粮食，按一定的比例上交充作军粮，剩下的留自家食用，这样，就从根本上解决了军心不稳、粮草不足、财政困难的局面。就这样，明代在长城沿线出现了一个特殊的群体——楼头军。

何谓楼头军呢？按明朝政府的政策，每一个空心敌楼由一个家庭驻守，其户主被称为"楼头"，户主姓什么，其驻守的敌楼就叫什么家楼，如张家楼、王家楼、姜家楼等等；而长城敌楼编号反倒没人知道了。一般讲，每一座山头有一座空心敌楼，所以各家各户都是在自家的山头下开荒种地过日子。天长日久，人们就到别人家的地里去看看，看人家是怎么经营的。此外，为了护佑自家的后代，楼头军去世后就埋在了自家楼下山坡上，这就形成了家族墓地，如董家口村的骆家坟、姜家坟、娄家坟等，全部在长城楼下。

到了清代，长城没人守了，楼头军的后代也都陆续搬到长城脚下。但是，他们的祖坟还在山上，每年清明节前后，楼头军的后裔们就会相互吆喝着，拿上三牲祭品到当年祖先戍守的敌楼去祭奠，祈求祖先保佑本家族平安、风调雨顺、五谷丰登、人丁兴旺。在祖先的坟前摆上祭品、碗筷、烟酒之类，然后，烧香磕头，填上新土，挂上幡帐，燃放鞭炮。最后，要把上供的主食吃掉，人越多，吃得越多、越干净越好，表示祖先的在天之灵喜欢这食物；吃得一点儿不剩，寓意旧的不去新的不来。正因为这样，每个楼的后代都希望上祭的那天会有许多别人家的后代前来逛楼,这样显得人缘好。那孩子们呢,因为每到一楼都会给好吃的,所以,孩子们便会像一群小麻雀一样,叽叽喳喳,一个楼一个楼地走下去,看了张家看王家,看了王家看姜家。长城大都建在险陡之处,大人们自然不放心自家的孩子在山上到处走,因此最后便以找孩子为名,也是一个楼一个楼地去走,并且互致问候,说些吉祥的话。

就这样一代又一代地延续下去,终于形成了叫作"逛楼"的习俗。这种习俗一直延续到20世纪60年代,由于政治运动、大破封建迷信等,这个延续了几百年的习俗从此成了人们的记忆。

益母草与王学兰

董家口长城媳妇楼一带的河边地头,生长着一种开紫色小花的植物,最高大的能长到两米。这种蒿草类的植物,就是草药益母草。那么益母草为什么在长城附近特别多呢?这得从媳妇楼说起。

王学兰继承未婚夫的遗志,自愿参军驻守董家口八十七号空心敌台。之后,戚继光特别批准她从当地挑选了五十名身强力壮的小媳妇陪伴她,因此她们驻守的敌楼,被人们称为"媳妇楼"。

话说王学兰她们守卫边关有五六年了,一直也未发生过什么差错,女兵们都尽职尽责。但是边关生活毕竟非常艰苦,每日风餐露宿,有时饭菜不能准时,热一顿、凉一顿的,许多女兵都生了病:有的胃痛,吃不下东西;更多的人得了妇科病,月经不调、痛经等,所以三天两头有人请假。王学兰虽然咬牙坚持,无奈浑身都是铁又能打几颗钉?天长日久,王学兰常替姐妹站哨,弄得自己疲惫不堪。她想,这样长久下去不是办法,总得想法子治好这种病,才能彻底解决问题。

然而,那个年代本来就缺医少药,边关山里别说妇科大夫,就连草药郎中也少有,三里五村有个"先生",也只是会拔拔火罐、扎扎针什么的。这一下可难住了王学兰。

这一天,王学兰起了个大早,走了二十里的路,来到石门寨,打听到一位老先生会治病,便前去咨询。先生已经八十岁了,说话上气不接下气,好不容易听明白了,可他又没有药,只说是一种叫益母草的植物能治这种病。可这种益母草究竟长得什么样?老先生边说边比画,王学兰只听了个大概。好在老先生说此种药材董家口一带准有,没准王学兰她们守的敌楼下河沟中就有。王

益母草

学兰拿了老先生画的样子，高高兴兴地回来了，她谁也没告诉，一个人钻进山谷里，细心地寻了起来。

不知找了多长时间，王学兰终于找到了一棵与老先生画得差不多的蒿子，拔下来闻闻气味也对。王学兰这个高兴啊！她见这附近还有几株，她便细心地做了记号，免得下次来找不到。

返回到堡中时，王学兰又犯愁了：这究竟是不是益母草？如果不是，如果自己没认对，那可不是闹着玩的，用了就可能有性命危险。唉！当时自己怎么就不打听清楚，什么药是这种药的解药呢？王学兰想明天再去石门寨打听一下。哪知，第二天刚到石门寨，就听说那位老先生昨夜已经去世了。

万般无奈，王学兰决心自己吃这种草药，看看有没有危险，能不能治病。她熬好了药，把所有的姐妹都喊了来，向大家说明了情况。众姐妹异口同声地反对，说三虎已经为国捐躯了，你要是有个好歹，我们怎么对得起死去的三虎？王学兰假装答应了姐妹们的要求，说是把药扔掉，哪知她端起一碗一饮而尽。

众姐妹都惊呆了，谁也没想到会是这样的结果，有几个人眼泪都流出来了，姐妹们拥抱着王学兰哭成一团。

劝走了众姐妹，王学兰静静地躺在床上，像过电影一样，把自己的经历过了一遍。想着想着，她睡着了，梦见了一个仙风道骨的老道人向她走来，手中拿的正是王学兰熬药用的益母草。只见道人来到王学兰面前说道："女施主，为了治好姐妹们的病，你不顾生死尝草药，贫道十分敬佩。如今，我已把这益母蒿籽遍撒在长城内外，村庄旁边，你可去取来，按我所说之法煎来，不但你的众姐妹不日痊愈，就连附近村庄的妇女，也可不再受此病困扰。"说罢飘然不见。王学兰一下醒来，原来是南柯一梦。

第二年春天，长城附近村庄的田头沟边都长出了益母草。后来人们集资，在城子峪建了一座药王庙，香火可盛了。

"李歪头"的故事

话说这李歪头姓李行六，小名李六，因为他琢磨事儿的时候，头一歪就来个点子，所以，人称"李歪头"。这李歪头别看没念过"之乎者也"，斗大的字识不了半升，却是个机灵鬼，干啥事都有窍门。

相传明代修长城修到了城子峪东山头道梁上，当时的条件是用险制塞，就地取材。山上石头虽有，可那都是大碇子，要一钎一钎地打，又费工又费力，这事愁坏了修城墙的部队官兵。

这一日，李歪头上山拾柴，正好走到修长城的采石场边上，只听几个采石的兵丁说："谁要是能帮咱把这大石碇子炸开，我给他十两银子。"另一个人说："我没银子，真要能帮了咱，把我家的羊给他五只。"

说者无心，听者有意，这李六放下柴捆，凑上前来说："二位此话当真？"二人看是李歪头，知他平日里歪点子多，就说："歪脑袋，要不要打个赌？你赢了，没二话，十两银子加五只羊全归你。

霞染城子峪 / 张鹤珊摄

你要是输了,照样赔我俩,愿意赌吗?"

"我怕你俩赖账。""什么?赖账?你小子要是真能想出辙来,我让提调来作保。"

提调当然愿意作保了,他倒要看这个拾柴的穷小子有什么法子把这大砣子炸开。再说即使李歪头赢了,自个儿也不少什么,有人掏东西,这保为何不作?李歪头只提了一个条件:你的兵必须得听我的,我让他干啥就得干啥。

一切准备就绪。第二天,李歪头来到了采石场,他吩咐一百人去拾干柴,三百人去挑水,只见他让人用干柴上上下下左左右右把石砣子盖上,接着命令点火!熊熊大火立刻燃了起来,李歪头让人一个劲儿地添柴,直烧得砣子像块火炭一般。这时,他下令:"泼水!"霎时冰冷的河水泼到烧红的岩石上,只听到咔咔声响,一眨眼的工夫,巨大的石砣子一层层裂开了。提调的士兵们看得目瞪口呆。

李歪头的方法迅速在修长城的工地上推广开来,采石进度大大加快,修长城的进度也是突飞猛进。

但是,为此输了银子和羊的那两个人,心里别提多憋闷了,本来想赢的,哪知输了。他俩老想着治治李歪头。

一日,李歪头又来拾柴、放羊。这二位又凑上去说:"歪脑袋,上回你赢了我们,我们心服口服。可你看看——说着给他看自己压红了的肩膀——这抬石头也太累了,大的七八人抬,小的也得二人抬,你要有能耐,帮咱想个省劲儿的法子。"说到这儿,二人看了看他说,"这回可是既没有银子也没有羊,这样吧,让提调官把你的名字刻到长城包修碑上,万古流芳呢!"李歪头笑笑说:"这有何难!去找提调大人来。"

第二天,士兵们不抬石头了,在山下采石场和长城之间修了两条三尺宽的斜坡,两条坡道直通采石场。只见李歪头弄来一个冰车,让人把一块重约六百斤的大条石绑在冰车上,冰车头上捆着两根大绳,一边一人,轻轻一拉就推走了;由于是上坡,每边又加了一个人,这样,人在两边走,冰车在中间滑,这比人抬又轻又快,两条冰道一上一下,非常省工省力。

这一带的长城很快就修完了,为了表彰李歪头的功绩,长城包修碑上真的刻上了石匠李歪头的名字。现在此碑还在。

大石人、小石人

　　城子峪长城东北、西南，各有一个石人，东北面的称大石人，西南的是小石人。两个石人都位于山清水秀、百花盛开之地。特别值得一提的是，石人附近中草药特别多，估计有百八十种。那么，这里边有什么秘密呢？故事还得从明代修城子峪长城说起。

　　相传，明朝弘治年间，右副都御史洪钟主持城子峪长城局部改线工程。由于原来明初的长城主要利用天险设障，虽然省工省时间，但战时的粮草运输、武器补给等等都存在很大的困难。为了一劳永逸，洪钟在勘察地形后决心给这段长城改线。

　　话说这一日，修城的工匠、民夫等人欢马叫地干得正欢，不料扰了两位闲游者的清静，其中一位是传说中广寒宫中捣药的白兔。这白兔自从被嫦娥带入广寒宫中，终日里捣药，本来天性好动，如何耐得如此寂寞？这一日，趁主人外出，它便约了一个同伴出来散心。正在天上驾云巡游之际，忽听下面人欢马叫，这二位便

第一章
长城民间传说

来到这里看热闹。

两只神兔化成一老一小两个采药的山里人模样,身背药材来到修筑长城的工地,看了半天也不明白,这是干什么呢?为什么非要在这山头上垒一道大墙呢?上前打听之后才知道,这是农耕民族为了抵御游牧民族的侵扰而修建的军事工程,因为从东到西一万多里,所以号称万里长城。

当听说二人是行医的先生时,修城的士兵、民工们呼啦啦一下围过来,七嘴八舌地诉苦,说工地上缺医少药,许多人因工伤或疾病得不到及时治疗而送了性命,他们希望这二位大夫能留下来,为他们治病。

小石人 / 张鹤珊摄

二人听了此话，又看了看周围修长城的人，特别是那些带病带伤的人，干活稍微慢一点，就会被包工头鞭打、脚踢。此情此景，二人实在看不下去，就点头答应了。

伤病的人太多了，二人忙了十几天，眼看药快没了，可等着治伤病的人还有很多。趁着月色白兔把灰兔叫了出来说："伙计，药不多了，本来我想到山中采些中草药，无奈这山中我找了几天也没找见几样。我看这样吧，你在这里等着，我回广寒宫中弄些草药种子回来，省得日后这里的人们缺医少药的。"说罢，腾云而去。

白神兔把各种草药的种子都偷了一点，带回城子峪。它和山中的同伴一块儿把这些种子全部种在了山上。说来也怪，这些种子种上后，几天就发芽生根了。于是两只神兔在治病之余，教给人们辨认各种中草药，告诉人们怎样采、怎样用。

嫦娥回到宫中，发现白兔不在，找遍了广寒宫也不见踪影，

第一章
长城民间传说

她掐指一算,原来它跑到人间去了,这还了得!她怒气冲冲地来到城子峪上空,两只神兔知道自己惹下了大祸,但仍然请求嫦娥允许他们留在人间,为修建长城的人们疗伤治病。

嫦娥一听,怒从心头起,她随手扔了两块石头,两只神兔一跳躲开了。眼见嫦娥又捡起石块,白兔急忙一把推开灰兔说:"快跑,城子峪南的青龙山上有个藏仙洞,你钻到那里就安全了。"

说时迟那时快,只见嫦娥手一抖,只听咔一声响,一座大山压了下来,把白兔压在山下,那山头摇晃着,变成了一位石头人,耸立在长城脚下。灰兔见此情景撒腿便跑,哪知刚跑到大石河边的山头上,一块巨石飞来,把它压在一个小山头下,变成了一个小石人。

为了纪念这两只神兔,人们在大小石人附近的山上,栽种了许多木本花草。每当阳春四月,这里便成了花的海洋。

城子峪长城春色 / 张鹤珊摄

狐仙与军火库

万里长城上敌楼众多,但是,城子峪关附近有一个军火库楼,它因储存大量明代武器而闻名。1984年,村民阚玉江在倒塌的库楼废墟中捡到三支明代铜铳。这座明代军火库一下子便因这三支铜铳和其他大量明代武器而闻名。

这座军火库始建于何年何月已不可考,估计是弘治年间长城改线时所建。整个军火库占地约三十亩,包括军火库楼、草料场、火器库、火药库以及各种兵器库等。20世纪70年代学大寨修梯田时,曾从库楼顶部出土铁箭头数十万支,火药五百罐左右,以及铁炮、石雷,等等。关于罐装火药的传说非常多,关于狐仙的传说更是活灵活现。

相传,明代有一姜姓楼头军,负责守卫城子峪军火库。有一次,他老婆来给他送饭,发现库楼中装火药的罐子正好可以用来腌鸡蛋和小菜。一天吃饭时,她便和老头子商量,让他拿回家一个腌鸡蛋。姜楼头说:"那好办,明儿个给你拿回来一个。"

姜楼头悄悄地拿回家一个火药罐,老婆很高兴,刷干净后放在屋中的柜脚下,腌上了鸡蛋。谁知,当天夜里就出了事。

半夜,姜楼头一下子从梦中惊醒。原来,他刚刚在梦中遇到一人,说提调找他有事,他便跟着走了。到了一个地方,只见地上躺着十几个人,有无头的,有缺胳膊少腿的,还有的身上中了无数支箭,人被射得刺猬一般。他们一个个血淋淋地扑向姜楼头,说他把火药给倒掉了,致使敌兵袭关时,大将军火炮无法发射,这些人都是因为肉搏才伤亡的。这些人都变成了厉鬼,张牙舞爪地非要姜楼头偿命。

铁箭镞

无箍铁炮

姜楼头吓坏了，从此落下病根，晚上经常做噩梦，梦见长城上战死的弟兄们来找他算账。

这一日，姜楼头来到三元庙中，请老道为他算上一卦，卜问吉凶。摇完卦，卦象排好，只见老道摇头晃脑地琢磨了好一阵子才说："军爷，大事不好，你老人家惊动狐仙了。"

姜楼头一听吓了一跳，忙问："我每天勤勤恳恳地守卫库楼，怎么会惊动了狐仙呢？"老道说："这你有所不知了，原来，那库楼中曾住着一只狐狸，可你们把这里变成仓库，库楼中堆满了成罐的火药，长城上又堆了大堆的散火药，楼里狐狸无处藏身，长城上不能炼丹。你说，这可不怪你怪谁呢？"

姜楼头听了心里直发毛，他直喊冤。"这里建军火库是上头的意思，怎么怪到我的头上呢？真是倒霉。"于是便问老道可有破解之法。

老道说，狐仙的事好办，我给你一道符，回去后，贴到库楼上便可，只是这些厉鬼倒是很难对付，不知姜楼头做了什么事，惹得这些厉鬼缠上你？如能跟贫道讲一讲，也许有破解之法。

姜楼头满面羞愧："唉！都怪我！"他一五一十地把这几年为亲戚朋友拿火药罐腌鸡蛋、偷铜铳卖钱等事说了一遍。

"难怪！难怪！"道人手捻胡须，等了好一阵子才说："别无他法，你姜楼头只有找回军火库的东西，那些厉鬼方能放过你。"

姜楼头没法子，只好到亲戚朋友家说明原委，拿回了火药罐，

火药石臼

又花钱买回了卖掉的铜铳。说来也怪,这些东西归还军火库后,那些厉鬼果然不来了。

姜楼头的病好了,从此,他不但自己不拿军火库的东西,还逢人便讲军火库楼有狐仙,谁动了这里的东西谁倒霉。从那以后,军火库始终没人敢动。

天下第一菜窝窝

很多人都看过张国立主演的电视连续剧《康熙微服私访记》，剧中有这样一个情节：康熙皇帝身无分文，只好靠给人家改招牌混口饭吃，最后，连鞋都让人给穿走了，只好光着脚在大街上走。

当然，这是电视剧中的情节，真正的康熙是否如此，咱没见着，不敢乱说。但是在城子峪一带，民间却流传着一个关于康熙帝御封菜窝窝的故事。

相传，有一年康熙皇帝回祖籍祭祖回来，住在山海关。这天康熙帝又换上平民百姓的衣服独自一人走了出去。走出山海关后，康熙碰到一位车老板。车老板很热情地给皇帝捎了个脚，二人边走边唠。康熙帝一边观看沿途风光一边有一搭没一搭地和车老板聊天，不知不觉车子过了黄土岭。康熙帝听人说过这里是明长城通往辽宁去的三岔口，而且，长城下还有个九龙洞，于是便告别热心的车老板，朝九龙洞走去。

第一章
长城民间传说

城子峪长城冬景 / 张鹤珊摄

这一带的长城修得十分壮观、雄伟,站在九龙洞的山头往下望,万里长城仿佛一条巨龙盘旋在群山之巅,长城两边,百花盛开,大自然的鬼斧神工把一座座山头雕刻得千姿百态。康熙帝越看越爱,一边欣赏自然风光,一边吟咏诗句,优哉游哉,不知不觉日落西山。夕阳隐藏到万里长城的敌楼之后,仿佛一位含羞的少女,头上的饰品金光四射,彩霞映红了山地中的炊烟。美,太美了!

康熙帝坐在长城上只顾欣赏美景,完全陶醉了。只见他手摇折扇说:"三德子,上茶!"这声音在山谷中回荡,却无人应承。

康熙忽然想到，天哪，我这是在哪儿？目睹远处的炊烟，耳闻牛羊的叫声，心想肯定离村庄不远，待我到村中找个人家。

打定主意，康熙迈步走下了长城，却一下子傻了眼，这一带山林茂密，山间小路口有当地拾柴、放羊人知晓，这个衣来伸手饭来张口的皇帝如何识得？而且，日头一落山，大山里说黑就黑。俗话说"望山跑死马"，在山上往下看，那村庄仿佛近在咫尺，鸡鸣犬吠之声可闻，可真要是走起来，即使大白天，山里人也得走上几个时辰，更何况两眼一抹黑的皇帝呢？

也不知走了多远，也不知摔了多少个跟头，好不容易走到了一间草屋前。康熙皇帝又渴又饿，浑身是伤，他也不知此时是什么时辰了，急忙去叫门。油灯下，一位白发苍苍的老者起身开门，见了来人，便惊得目瞪口呆，看衣着像个当官的，可当官的怎么能深更半夜跑到这深山老林中来呢？

茅屋中只有一对年迈的老夫妻，在山中开了几亩地度日，待康熙帝说明来意，白发老婆婆拿出几个玉米面山菜窝窝。康熙一见，抓过来就狼吞虎咽吃起来，好吃！真好吃，比宫里那满汉全席味道还好。

康熙吃饱喝足，挤在草窝棚中的土炕上睡了半宿，天亮后，他要走了，可口袋里一文钱也没有。他对老人说："老乡，村中可有读书人？请借笔墨一用。"老人借来笔墨，只见康熙帝提笔写了几个大字：天下第一菜窝窝。然后，递给老头："老乡，请收好,啥时到山海关,可凭此字到总兵衙门领取银两。"

老人送康熙离开,在路边告诉皇上他吃的菜窝窝就是用眼前这几种野菜做的。康熙感慨万千,他用手一指说:"好吧,就让这长城脚下的村庄,田间地头,山上山下多长些野菜,说不定将来还会成为美食呢。"

康熙是皇上,金口玉言,所以这一带长城沿线的野菜特别多、特别好。如今,真成了美食了。

"摇钱树"和乾隆饽饽

清朝乾隆皇帝,经常师法爷爷康熙皇帝,每年都要微服私访几次。有一回,乾隆皇帝去东北祭祖,返回北京途中驻跸永平府。他听说永平府辖下的城子峪关,明代时曾因是九龙探江之风水宝地,被朱元璋用十八座庙镇住了龙脉,从此,这里不但未能出皇帝、皇后,就连一个秀才也不出,于是很想看看这个很有传奇色彩的地方。一天,他摇着折扇出了府门,到外面买了一匹马,直奔城子峪而去。

永平府距城子峪二百多里,乾隆一路奔波,又渴又饿。乾隆平日衣来伸手、饭来张口,出门时也总有人跟着;今天怕被人扰了自己的雅兴,所以身边连个伺候的人也没有,而且买了马后,身上分文没有。眼看红日压山,肚子早就提出了"抗议",乾隆只好牵了马从山上下来,走到一户人家。叩开柴门,见一位老婆婆慈眉善目,正在做饽饽。乾隆皇帝说明来意,老婆婆十分热情,给乾隆倒了碗白开水,又从锅里捡了几个热腾腾的饽饽。乾隆实在饿了,客气了几句,便大口吃了起来,一边吃一边说好吃,等他吃饱喝足了,才起身道谢:"敢问老婆婆,方才你送我这饽饽叫什么名?用什么做的?"

老婆婆一听乐了:"客官,这几年我们这里遭了灾,虽说衙门发了粮,那也不够吃。没办法,只好采些野菜什么的凑合。刚才你吃的是榆钱饽饽,咳,就是采些鲜榆钱,用小磨碾了,然后,掺些玉米面,再放点盐什么的。"

榆钱饽饽

乾隆要走了，他站在柴门外，对老婆婆说："老人家，谢谢你的榆钱饽饽。你放心，就是天再旱，再遭灾，你们城子峪也得有五成收成，不会饿死的。"说罢上马，扬尘而去。

由于乾隆下了谕旨，临榆县开仓放粮，并且免了临榆县当年的全部捐税。那位慈眉善目的老婆婆家更是不得了，县太爷坐着大轿前呼后拥来到了城子峪老婆婆家中，把一块金光闪闪的大匾送了过来，上面是乾隆皇帝御笔亲书的四个大字：榆钱饽饽！

乾隆皇帝回到京城后，仍念念不忘那顿美味的榆钱饽饽，他思来想去，忽然心头一动：榆钱，余钱也！如果天下百姓都有余钱，那岂不是天下太平？好！好啊！这榆钱饽饽不但好吃，名字也叫得好，那榆钱既然是树上长的，那么榆树不就是"摇钱树"了吗？对呀，朕要天下百姓都多栽些"摇钱树"。

乾隆皇帝一道圣旨，永平府临榆县可热闹了起来，全县上下到处都栽"摇钱树"。现在，城子峪附近还有几棵几百岁的老榆树，据说就是那年栽的。

不但如此，乾隆还让和珅在他的府中栽了好多"摇钱树"，并且每年榆钱下来，都要做些榆钱饽饽、榆钱饼、榆钱糕之类，而且，乾隆还让宫中的妃子、皇子、皇女都吃榆钱饽饽。

皇上金口玉言，所以，人们管榆树叫"摇钱树"，管榆钱饽饽叫"乾隆饽饽"。

铁庙沟与大圣井

城子峪村北的山头上,万里长城如同一条巨龙,从东向西飞腾而去。村南面有一座大山形似一条青龙,从西向东飞去。这座山里有一条大沟,人称铁庙沟,沟口有一古井,被人称为大圣井,这又是为什么呢?

相传,明洪武十四年(公元 1381 年),大将军徐达奉命修建北部边界长城,一群风水先生说城子峪是九龙探江之风水宝地,将来要出皇帝,结果被刘伯温用十八座庙镇住了龙脉。然而,由于村南面这条青龙身上的庙并未建在龙头上,而是建在了龙的身上,且当时修建的庙叫铁瓦乌龙殿,所以这条龙并没有被镇住,而且它还打算报复徐达。

这一日,城子峪关过河城桥四个门洞刚刚垒到一人高。突然,乌云密布,电闪雷鸣,瓢泼大雨倾盆而下,滚滚山洪夹带山石沙土,像一头猛兽冲来。顷刻间,几千人的劳动成果就被冲得一干二净。

徐达和手下人一筹莫展，急得他在城子峪关口的河滩上来回走。忽然一个军士对他说："大帅何不到观音庙请神帮助？"一句话点醒梦中人。徐达立即吩咐准备三牲大礼，一行人来到观音庙中，焚香祈祷。

只见观音菩萨笑盈盈地用手一指徐达身后说："将军识此二人否？"徐达扭头一看，喜上眉梢，这不是二郎神和孙大圣吗！二位神仙从何而来？寒暄过后，徐达详细介绍了修建城子峪关的前前后后，最后恳请二位神仙帮忙，降妖捉怪，早日建成城子峪关城，保一方百姓平安、国土安全。

二位神仙来到城子峪村南，一看便知就里。只见二郎神用手一指，一座大庙便矗立在了那条青龙的爪子上了。为保险起见，孙大圣把金箍棒拿出来，照着龙的爪子就插了下去。奇怪的是，这庙并非砖石所建，而是纯铁铸就，重约十万八千斤。

从此，人们管这条大沟叫铁庙沟，铁庙下金箍棒扎的眼，现今成了一口井。这口井至今仍存，井水甜洌。

第一章
长城民间传说

高跷秧歌与大刀队

长城沿线各地,可谓是一座民间传统文化宝库,冀东秧歌就是这宝库中的瑰宝。据传冀东秧歌已有上千年的历史了,其中的一个品种高跷大秧歌是明代蓟镇石门路大毛山提调驻地城子峪村的骄傲。可以这样说,当年的城子峪大秧歌,技压当地,是响当当的牌子。据老人回忆,当年无论附近哪里成立了秧歌会,都要请城子峪会的高跷队打场子、开道;无论哪个村哪个会的秧歌,只要见到城子峪会的大旗立在那里,都得在后边排队,无人敢超越过去。那么,城子峪的秧歌会怎么会这么威风呢?这就得从根儿上说起了。

明嘉靖年间,明王朝曾在边关多处地方开设了贸易场所,当时,有的叫马市,有的叫草市。城子峪关虽然不像山海关那般重要、繁华,但是,自隆庆五年(公元1571年),石门路大毛山提调移驻城子峪后,这里成了山海关北一个重要的后勤基地,所以,在城子峪关外的高台地上,建立了边关贸易场所,现今遗址仍存。

边关市场贸易有严格的规定,有些武器是禁止出售的,所以当时大毛山提调在市场里建有一座管理市场的办事处。在一高台上,设一小屋,几名士兵负责收税等事项。为了安全起见,在市场周围人工挖掘了两道壕沟,沟旁埋有绊马桩、铁蒺藜等障碍物。

一年秋天,约有二百骑左右的蒙古骑兵,从板厂峪翻山来攻城子峪,由于城子峪关有所准备,敌骑未能得逞。但是,他们没捞到什么东西又不肯空手回去,所以占领了城子峪关外的市场,安营扎寨住了下来,他们怕关军夜间袭营,便在市场周边插了铁蒺藜和三角钉等障碍物。

是夜,伸手不见五指,夜半时分,几百名黑衣大汉,神不知、鬼不觉地摸进了敌营之中。他们全部手持大刀,一个个如天兵般杀来。蒙古骑兵从梦中惊醒,慌忙抵抗,借着火把和灯光一看,一个个全都傻了眼,为什么?因为这些兵全部奇高无比,手中大刀飞舞,可脚下的铁蒺藜等障碍物对他们根本不起作用,这些人脸上画得什么模样都有,而且仿佛都像喝了酒一般。一位蒙古骑兵冲上前去,抓住了一位的大刀,正想夺下,哪知,这位抬起右腿,只听啪的一声,那蒙古兵的脑袋开花,脑浆飞溅!这一下可把其他蒙古兵吓坏了,扔下几十具尸体仓皇逃窜。

打扫完战场,天已大亮。村中百姓听说昨夜鞑子兵又来攻城,结果被守城关军的大刀队给切了菜,一个个笑容满面,出来迎接

第一章
长城民间传说

冀东秧歌 / 张鹤珊摄

凯旋的关军。人越围越多，人群中有人喊，让关军给我们表演表演昨晚大刀队切瓜的情形！

打了胜仗，军民共庆，只见关军们又都穿上了昨夜的衣服，绑上高跷，舞起大刀，载歌载舞，一些口齿伶俐的还把昨夜的事现编词唱了出来。一时间，城子峪堡中锣鼓喧天、旗帜飞扬，男女老少一齐追着关军看热闹。

后来，城子峪村民每到逢年过节或是庙会，便学起关军的模样，脸上涂上油彩，穿上各式各样的衣服，他们手中没有大刀，便自家有什么用什么，有捣棒槌，有长杆旱烟袋，有扇子、文明棍之类，然后，模仿各种动作，逗得人们欢笑。渐渐地，大集、庙会、逢年过节，城子峪都举行这种活动，附近十里八村也都来请，一来二去，就演化成了一种群众喜闻乐见的娱乐活动，这就是城子峪的大秧歌。

张家楼与腊八粥

秦皇岛市海港区东北部有个驻操营镇,其东、北、西三面被长城环绕。在长城脚下的小山村中,有一个祖传下来的习俗,每年的腊月初八,家家户户都要煮上一大锅腊八粥。这粥不但得用八种原料做成,而且,必须在腊月初八那天做才会有其独特的风味,这是为什么呢?

相传明代戚继光总理蓟镇练兵事务,他巡行塞上,发现边防军一年到头天天在风霜雪雨之中站岗放哨,非常辛苦。不仅如此,一些如佛郎机等火器,往往因湿潮而不能用,这给边关守卫带来极大的困苦。后来,戚继光汲取以前的经验,在长城沿线建了一千多座空心敌台,又从江浙等地调来九千人守护,这就是著名的"楼头军"。话说城子峪东山上,有个叫头道梁的地方,上面有一空心敌台,被从浙江金华府义乌县来的张姓人家驻守,所以,当地称此楼为张家楼。

这老张家一家九口，除了站岗放哨之外，大多数时间都开荒种地，当时称为屯垦戍边。打下的粮食，三分交公，以作军粮，七分归己，充作家用，如果赶上风调雨顺好年成，一家人吃饭没有问题。

但是，城子峪地处边关，时不时地就会有敌人侵扰，加上天灾人祸，很长一段时间只能维持糠菜半年粮的生活。

有一年腊月初八，天气特冷，三九天的小北风像刀子一般。一位白胡子老头来到张家楼，破衣烂衫，端着个破碗来讨饭。"行行好吧！我已经三天没吃东西了，唉，我走了十几个村庄，不是被人赶出来就说没有，可怜可怜我吧！"

张家楼的人看着老头可怜的样子，就把他请进楼中。女主人先给他倒了碗热水，然后，就把家中仅有的粮食全拿了出来，一把高粱米、一把小米、一把黄豆、一把小豆、一把绿豆……最后，又把准备明年种的豆角种也剥了，八样东西加在一起，才给老头熬了一锅粥。

看样子老头真是饿坏了，三下五除二，一锅粥便下了肚，最后，连锅都用舌头舔了又舔。当他放下锅时，突然看见门帘外有几个小脑瓜在动，原来，那是张家的孩子见老头喝粥，馋得在那里咽口水。白胡子老头掀起门帘一看，三四个孩子饿得面黄肌瘦，只听那位母亲说："待会儿妈去看看套扣，看能不能套个野兔。"

白胡子老头什么都明白了，他走到主人面前说："敢问明年的种子怎么办?""唉!走一步说一步吧!"主人无可奈何地说。只听白胡子老头说:"我看看你刚才拿米的缸可以吗?"

"看吧!反正一粒米也没有了。"哪知,那白胡子老头一看却惊叫起来:"哎呀!主人,你这不是有米吗?怎么舍不得给我吃呢?"

主人急忙进屋去看,只见缸中全满了,整整八样粮食,一样不少。她急忙去寻白胡子老头,却不见踪迹,只发现有一张字条留在桌上。

晚上,张家楼的主人回来,妇人便把白天的事说了一遍,又把字条拿了出来,只见上面写道:

三九寒风冻死人,张家楼里暖人心。
腊八粥里真情在,五谷丰登待明春。

冬天到了,春天还会远吗?第二年春天,张家楼的人都出去耕地播种,除了高粱、玉米、谷子这些主要作物外,房前屋后,又种了不少的豆类、瓜类什么的。你别说,这一年那真是风调雨顺,庄稼长得十分喜人,真可谓是种瓜得瓜、种豆得豆。而张家楼呢?庄稼又比别人家长得更胜一筹。

到了秋后,全村的人都到张家楼来交换粮食瓜菜种子,当地称为"串换",也就是现代叫的互通有无吧。张家人也不拒绝,谁来都给换。有人换完了,还要进屋中坐上一坐,唠些家长里短的闲话，唠来唠去，便唠起了白胡子老头的事来。

村中人听了十分惊奇，就问道："是什么日子？你都用什么熬的粥？"

"腊八，没个错，我记得可清了。不怕你们笑话，那时家中没有米，我把留种的种子都给捣成米熬粥了，共计八样。"说着一样一样地数叨起来。

张家楼的事在本村及附近村都传开了。第二年腊八，全村家家户户都熬了腊八粥，等待白胡子老头，但是，白胡子老头始终没有出现。但长城守军们谁也不忘白胡子老头的恩德，每年的腊月初八，家家都熬腊八粥，以示五谷丰登，祈求来年风调雨顺，百业兴旺。

第一章
长城民间传说

年饽饽

在长城沿线的村庄中,现在仍在流传着一种传统的食品,叫做"年饽饽"。由于它是用碾成面的黏米做成的,所以也叫"黏饽饽"。这种食品的做法很特别,首先要把玉米去皮碾成粒,再用水浸泡六至七天,这叫"泡苞糁",泡好了,再用温水洗净捞出,叫作"捞米";然后在村中的石碾木框上,用红绿彩纸写上某年腊月初几的字样,叫作"占碾子",也就是说,如果你写的是腊月初三,你就那一天去碾面。所以每年腊月,长城脚下的碾框上都贴满了红红绿绿的彩纸,成为长城脚下一道带有明显民俗特色的亮丽风景。

面碾好了,就要找一群姑娘小媳妇们来做饽饽,一个个放在盖帘上,然后上屉蒸,蒸熟后放在筐中冻,冻后装缸,吃时再蒸。如今,长城脚下的年饽饽,被百姓们当成土特产赠送,很珍贵呢!但很多人不知这年饽饽究竟是从何年兴起的。

相传，有一年天上的玉皇大帝庆祝生日，喝完玉液琼浆后对八仙中的张果老说："你经常骑毛驴行走天下，不知百姓生活得怎么样？"张果老回答说："如今天下太平，五谷丰登。"玉皇大帝听后龙颜大悦，说："那好，明年朕的生日时，你不要再送别的礼物了，朕要亲口尝一尝五谷丰登的味道。"

圣旨一下，可愁坏了张果老，他心想，这五谷丰登是个形容词，只能用来形容各种庄稼收成好，怎么能用来尝味道呢？这玉帝也真能出难题。张果老心烦意乱，倒骑个毛驴来到了城子峪这个地方。那一日正是农历十月初一，当地有个习俗，叫作"十一不吃饽饽，穷得乱哆嗦"。所以，当地每年农历十月初一，家家户户都吃年饽饽。

张果老走进一家人家，主人正好也姓张，也不知祖上是否是一家子。反正这家特别热情地请张果老吃饽饽，张果老咬了一口，忽然双眼一亮问道："敢问老人家，这年饽饽是用什么面做的？"

老太太接茬说："客官，这白菜馅的呢，面是黏高粱米面加玉米面；那小豆馅的呢，面是大黄米面加黄玉米面；那白色的呢，是江米加大米面做的。"

话未说完，张果老乐得眉开眼笑，他掏出钱来，感谢老人家的年饽饽，然后骑上毛驴一溜烟走了。

进了腊月，张果老又来到城子峪老张家，他掏出一锭大银对张家人说："劳烦老人家，请你们给我做一斗米的年饽饽，蒸好了冻上。"

第二天一早,张果老带上冻好的年饽饽来到了天庭,命人蒸好后,亲手端给玉皇大帝:"陛下,臣已将五谷丰登献上,请陛下品尝。"玉帝一看,只见两个大盘子,一盘黄灿灿的,另一盘洁白如玉,热气中散发着缕缕香味。玉帝夹起一个咬了一口,只觉一股粮香,甘甜爽口,玉帝各尝了一个,赞不绝口,龙颜大悦,说:"张果老,五谷丰登深得朕的口味,这样吧,你传朕的旨意,告知雷公、电母、风神、雨神,让他们保佑那一带年年五谷丰登!"

"谢陛下!"张果老高兴地一溜烟来到城子峪,告知所有的百姓,年年都要做年饽饽,以示五谷丰登。如果哪一年没做,那就证明那一年歉收了,张果老就会骑上毛驴去找玉帝,以保佑一方百姓。

一来二去,这事就在长城线上传开了。方圆几百里,家家户户都做年饽饽,冻好了装在大缸里,备张果老随时来拿,久而久之,就形成了一种民俗。

第二章

长城知识简介

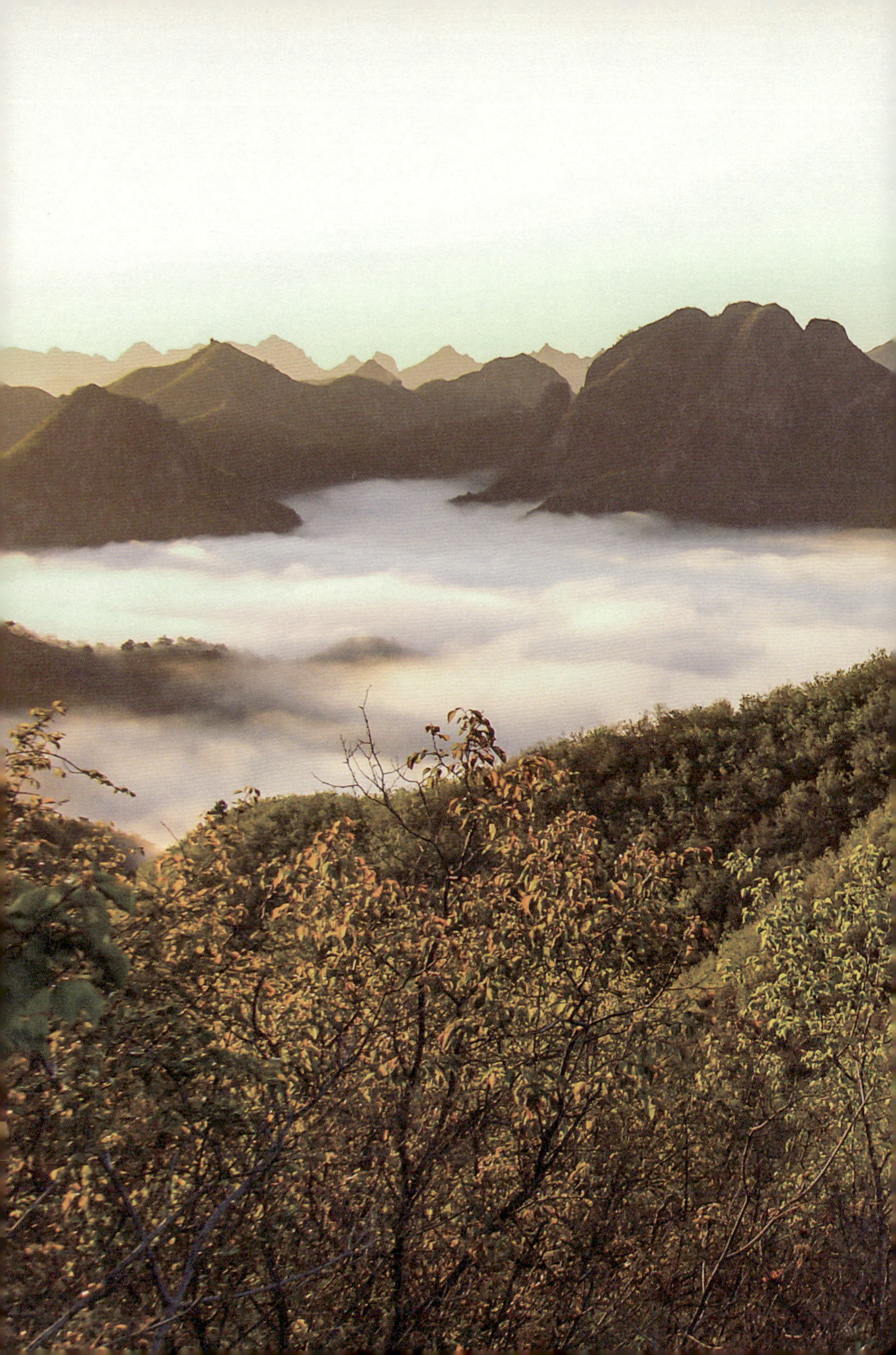

云海中的城子峪长城 / 张鹗 摄

城子峪关、城、堡、库简介

城子峪之名,最早见于明洪武十四年(公元1381年)。当时,大将军徐达奉命发燕山等卫屯兵一万五千一百人,修永平、界岭等三十二关,城子峪关为其中之一(笔者注:有人认为三十二关不包括城子峪关,然而据笔者实地调查,三十二关应当包括城子峪关)。现在,城子峪村有两道长城,两座关口,修建较晚的城子峪关始建年代较详,《临榆县志》《永平府志》均记载,建于明嘉靖元年(公元1522年)。华夏子所著《明长城考实》一书对城子峪关是这样记载的:"城子峪关,明嘉靖元年修建,关口处有一河,河东侧有一酷似铁锅倒扣的山包,高二、三十丈,两侧有狭窄的深涧,旧筑空心敌台阻塞涧口。东西两山相距半里,关南有堡,石筑,高二丈四尺,周一百三十九丈三尺余,西南各门各楼。"

根据笔者调查,城子峪关与城子峪堡并非同一时期建造,而

第二章
长城知识简介

城子峪长城夏韵 / 张鹤珊摄

是先建关，后建堡。成书于明弘治十四年（公元1501年）的《永平府志》中《古迹门》"长城"条有如下记载："迨我皇明扫腥膻，统一寰宇，太傅魏国公徐达因奉旨设关营墩台，以便守望。承平日久，倾颓荐臻。弘治十一年（公元1498年）巡抚都御史张维躬督参将白琮、指挥罗纲、推官周渲率领官军民壮于大毛山等处扪萝蹑险，极力修治，功未就绪而张卒于边。弘治十二年（公元1499年），都御史洪钟抚莅兹士，经营规划，为图国家亿万年之计，招募军民刘俊等创修长城二千四十八丈，仍命推官周渲沿边丈量，每丈给银一两，以赏其劳。弘治十三年（公元1500年）

101

城子峪长城保护工作站 / 张鹤珊摄

第二章
长城知识简介

春复檄参将高瑛、白琮,同知邵逵督率军卒民壮一万余人,自山海关迤西至李家峪止,延袤三百余里,凭山据岭,伐木堑石,分工创修长城二万八千一百七丈,复于山川要害处,所相其高下之宜,创立塞堡,及用石包砌城垣四十二座。不逾年而功成,屹乎华夷之界限,巍乎军民之保障也。"

上述史料表明,城子峪关造于弘治十二年(公元1499年),而城子峪堡城建于嘉靖元年(公元1522年)。

这是如今的城子峪关。那么,明初徐达所修的城子峪关又在哪儿呢?原来,明初徐达修长城时,充分利用山险隘口,当初修建的长城,选址大多在崇山峻岭之上,即利用悬崖陡壁,稍加垒砌而成。笔者调查了从大毛山、董家口至辽宁绥中县王台村、四台子直至平顶峪东沟吴家楼的一段约十公里长的明早期长城遗址,情况的确如此。许多地段地势险峻,就算手脚并用地攀爬,也无几人能上去。因此,这里军用物资运输、弹药、武器补给等十分困难。到了弘治年间,不得不舍弃这一段旧墙,而重新改线,这就是《永平府志》记载的洪钟等人修的二千四十八丈长城。城子峪旧关,现为辽宁省绥中县旧关村,村因关而得名,之所以称旧关,肯定是因为有了新关,不然何来旧关呢?城子峪旧关,地扼石河支流的一个河口,当地称石门,悬崖峭壁,上面是一开阔地,是当年城子峪关城所在。明初时,这个边关小城,只有驻军而无居民。现在从废墟来看,只有石砌工事遗址,而无砖瓦一类生活用具的残迹。此处现为辽宁省绥中县加碑岩乡文保遗址。

说完了关,咱们再说堡。根据《永平府志》记载,城子峪堡建于嘉靖元年(公元1522年)。民间口头传说,当时,城子峪与西家庄唇齿相依,由于堡城的建立,迁两个小村为一堡,村名为城子峪。两个村子的人民为了纪念这一日子,双方各派代表,在堡城南门外村口的台地上,各植油松一棵,象征两个村的人民友谊万古长青。后来,这两棵树由戚继光亲自命名为"友谊松"。到了抗战时期,日本侵略军因痛恨戚继光抗倭,就把戚继光命名的松树放火烧了,其中一棵被村民救活,现已成为城子峪的标志。

到了明代中晚期,随着女真人的兴起,地处河北、辽宁交界的城子峪关就成了一个重要的边关口岸和前沿阵地。时任蓟镇总兵的戚继光,当然知道城子峪关的战略位置的重要性,所以他上报朝廷,将石门路大毛山提调治所从大毛山移驻城子峪。《卢龙塞略》是这样记载的:"隆庆五年(公元1571年),义院口之细谷口堡并于花场峪堡,大毛山提调移驻城子峪关,娃娃谷堡并小河口关,柳河冲并董家口管理。"从此,城子峪关成了山海关以北的一个重要边关和军事后勤供应基地,从当年军火库的遗址便可看出其规模。1945年,日本侵略军战败投降时,从城子峪军火库拉走明代各种铜、铁炮等兵器共计八辆汽车!学大寨时,村民又在军火库中发现罐装火药数以百计,铸铁箭头约五十万个。20世纪80年代,村民阚玉江等人又在库楼废墟中捡到铜铳三只,对研究明代兵器具有重要文物价值。

  除此之外，明代在城子峪设有把总衙门，并建有十八庙和规模很大的校场、伙房以及枪械修理铺等。值得一提的还有"茶苑"这种在长城沿线地区极为少见的设施。据民间传说，当时，从浙江义乌来的江浙兵成立了同乡会，在城子峪堡城东设有茶馆。这些茶馆逐渐发展扩大，成了吃、住、餐饮、娱乐一条龙的大型娱乐场所——茶苑。在这里，当年边军的一些事迹被编成故事传播开来，最著名的有媳妇楼的传说、白台子的来历等等。守军在修建长城敌楼的同时，把他们的审美观念和文化寄托，都刻在了他们驻守的长城敌楼门框上，形成了独特的楼门刻花。不但如此，他们还把自己的村庄，依山傍水地建成了一个大北斗星形状。今天人们站在山头的长城敌楼上朝下望，便会发现整个城子峪村仿佛是一个巨大的北斗星，散布在长城脚下，石河岸边。

明长城防御系统简介

经常和朋友或客人聊起长城,人们首先想起来的都是战火狼烟和长墙烽台。其实,这是不全面的,只说对了一部分,而忽略了其他部分,即万里长城是一个巨型的军事防御体系,主要由五大系统组成,分别为陆路屯兵系统、海路屯兵系统、烽传预警系统、驿站交通系统、军需屯田系统。

五大系统相互配合,缺一不可,任一系统出了纰漏,都有可能给长城防御造成损失或者影响战争的胜利。

咱们先说说烽传预警系统的作用和功能。

首先来说明一点,明长城上的烽火台,有许多并不建在长城墙体上,而是独立于视野开阔、便于瞭望的山头之上。

其次,烽火台在砖石长城段中,都是实心的方台,偶有圆台,靠软绳梯上下。这样,在冷兵器时代,可以最大限度地保护守台士兵的安全,保障传递军情的烽烟准时发出和传递。

再说一个人们普遍关注的点，就是大家口中的战火狼烟。有人问，那烟真是点狼粪发出的烟吗？我个人认为，在新疆、内蒙古等草原地区，有可能燃烧狼粪，但是到整个万里长城线上，所有的烽火台都燃狼粪放烟，我个人认为可能性很小或者为零。因为，在长城经过的区域内有的地方没有狼，哪来那么多的狼粪呢？这一点我也在《万里长城》2002年第3期（总第8期）63页上找到了一篇李璘先生的文章，内容就是对"狼烟"质疑，我很同意文章中的观点。

那么当时的蓟镇长城，燃烟点的是什么呢？就是就地取材的易燃的柴草，也叫积薪，点燃时加一些硫黄、硝石等助燃。《长城百科全书》烽传系统中就是这么介绍的："烽是用易燃的柴草，置于笼筐中，系在长杆上，夜间点燃举起，以火光传递军情、敌情。"（《长城百科全书》154页）

还有人问了，点战火狼烟还有什么细则吗？我告诉大家，有。明成化二年（公元1466年）就对战火狼烟的燃放作了如下规定：

"敌百余人，一烽一炮，五百人左右，二烽二炮，千人左右，三烽三炮，五千人左右，四烽四炮，万人以上，五烽五炮。"

看到这里，有读者会问了，那点烽火的人是怎么知道敌人数目的呢？

其实，这个数目只是个概数，因为在古代，特别是明朝的来袭者都是骑兵部队，那么大批的战马在土路上飞驰，尘土飞扬，

冬日的守望 / 张鹤珊摄

守台军士可以根据扬尘的面积估计人数。

还有人问，既然点燃烽火了，怎么还放炮呢？我个人理解有这么两大功能：第一个功能是发现敌情，点燃烽烟的同时炮声震天，山鸣谷应，先给敌人一个有力的震慑；第二个功能也是内部的一个提示，不可否认，守台军士的日常很单调枯燥，偶尔打个盹也是有的，所以，仅燃烟有时下一站未响应，会耽误事。那么炮一响，大山都回音，效果更快更直接，而且，几声炮响，也提示守城官军，有大概多少敌人来攻了，做好准备工作。

第二章
长城知识简介

对于明长城防御系统的建立,其中有一个人是不能忘记的,就是戚继光。他不但修筑了空心敌台,而且,对当时守长城的烽传系统也加以逐步完善和改进。比如,他把点烽火的原则又细化了,并编制成口诀,让守台士兵牢记,而驻屯军也可从炮声、旗语、风灯等的数量、颜色等分辨出敌人的人数、来犯方位等。

戚继光烽制口诀(白昼):

一炮青旗贼从东,南方连炮旗色红。
白旗三炮贼西至,四炮黑旗北路凶。

戚继光烽制口诀(夜晚):

一灯一炮贼从东,双灯双炮看南风。
三灯三炮防西面,四灯四炮北方攻。

在长城防御五大系统中,还有一个系统也是大家提起长城往往会忽略的系统,那就是驿站交通系统。明长城区域内设了许多条驿路用来传递军情、公文,以及人员往来接待、官员暂住、换马等,所以,每条驿路上,约三十里设一驿站,或者驿路城、递运所。很多朋友看古代片,其中的八百里加急或六百里加急等信息传递就是由驿站提供换马等保障的。这样说大家如果还不太清楚,我就以明代时距离秦皇岛最近的马驿沟驿站简单介绍一下,大家就明白了。

马驿沟驿站简介：

总占地十亩，也就是现在的近七千平方米，有高、中、低档客房二百间，马棚一百五十间，仓库五十间。

马三百匹、毛驴三十头用于驮运草料。

人员分工情况：喂马驯马的马夫班六个，计六十人；铡草班三个，三十人；驮草班三个，三十人；人医和兽医班一个，十人；伙夫班一个，十人；采买班一个，十人；鞍垫缝纫班一个，十人；

第二章
长城知识简介

清扫班一个,十人;担水班一个,十人;接待服务班一个,十人;巡逻更夫班一个,十人;各项事务管理人员,十人;驿使,十人;官员及家属几十人不等;总共二百六十人左右。(《抚宁民间故事集》17页)

明代的"夜不收"

夜不收,是明代长城沿线边防军派出的哨探或间谍的特有称谓。想弄明白此事,让我们先看一下《卢龙塞略》中有关夜不收的记载。

"既目秋深,草木枯槁,正当烧荒以便了望,敕至,公同计议,通行所属,选委乖觉夜不收远出边境哨探二三百里或四五百里,务将野草林木焚烧尽绝,使贼马不得住牧,我边方易于了守⋯⋯若出境之时,计虑不周或纪律不严,或围猎贪利,或逗留失期,以致猝遇贼徒不能应援,或因寻杀零贼别惹衅撩,致误事机,甚者畏避艰险,止令巡哨官军夜不收人等于附近去处急遽纵火,不问燃否就便回还,虚应故事,有一于此,在法俱不轻贷⋯⋯"

大家看明白了吗?明代长城沿线,每年秋末冬初时,都要把近长城处的荒草林木烧干净,一是便于长城边防军瞭望;二是让马没有吃的,敌房在近长城几百里内不能住牧。但是,由于要到长城外去执行任务,所以,必须先了解此段长城外几百里内敌人的屯住情况等,派出执行侦察的哨探,就称为"夜不收"。

由于此项任务的特殊性,一个操作不当,极有可能引起战斗或是战争,所以,明朝对夜不收的人选、活动范围、任务完成情况等都有详细规定。为了规范夜不收的行为,还在夜不收经过的要路边避人处,石刻了许多印迹,夜不收经过时利用特殊工具才能印证。所以,发现的夜不收印迹都有两个特点:一是隐蔽,非当地熟人万万发现不了;二是隐蔽处的石头面上,都是阴刻的反字,只有夜不收经过时用特殊工具才能拓印出正字,就如现代人的印章一般,很是绝妙。

如今,在秦皇岛市长城沿线已发现三处石刻和一处长城暗门,其中海港区驻操营镇甘城子村的石刻为正字如下:

炕儿峪堡该班夜不收郭延中等六名,哨至境外地名烂泥洼(凹),离堡三十里。

嘉靖二十四年五月一日
夜不收官千户 赵士清 石匠赵(谢)进

看到这里,大家应该明白了:夜不收人选确定后,按照官方刻有反字印迹的确定路线,从长城上的小暗门悄悄出去,到达指定地点,完成指定任务后,把去时用特殊工具"盖戳"的印信交回,再从暗门回到关内。

空心敌台驻守军简介

空心敌台，又称敌楼，根据地形地貌和边关重地与否，其建筑风格、大小不尽相同，而又因为所创建部门、筑守年代不同，后期建的在前期建的基础上有所改进和完善，所以，有些细微部分也不尽相同。长城沿线的守军后裔或乡亲百姓，有的以"某家楼"称之，如张家楼、王家楼、孙家楼、陈家楼等等；有的为了区分敌楼的大小，习惯称之为几眼楼，也就是敌楼的某一面上有几个窗户口，比如我家附近的城子峪段长城上，就有二眼、三眼、四眼、五眼、六眼等楼。目前，在秦皇岛地区发现较完好的为六眼楼，其单面长为14.5米，这是我们这段长城上现存最大的敌楼，由于是长方形，故老百姓又称其为扁楼、火柴盒子楼。

介绍完了敌楼，又接着一个问题，许多朋友都问，一个敌楼里驻多少守军？下面就从刘效祖著的《四镇三关志》卷六《经略考》中看看记录吧。

空心敌台 / 张鹤珊摄

"创筑空心敌台,每台高三丈,纵横如之,骑墙曲突,四面制敌。上建层楼,宿兵贮器。空心台每台共五十人,主军十二名,四名管放佛郎机,四名专管装运,二名管放神枪等火器,二名在上层专管梆旗。客兵三十八名,教放火器,学打铳石。其附墙台,主军四名,三名管军器,一名管梆旗并佛郎机,客兵各随时编拨。"

这就是说,明代空心敌台每台驻军五十名,有警登坛率守,遇敌各照原编台人数,各司所值。

介绍完了敌楼的守军人数、职责,还有一个管理层的问题。

《四镇三关志》的记载是:"每二台一百总,十台一把总,二十台一千总。每楼都有一人轮流值守,敲梆传筹,凡起止号令,俱听千把百总约束。"

现在,我负责守护的长城段上,五眼楼、六眼楼内部墙上,都修筑有贮藏室,以盛放药罐、食物、水、蔬菜等,墙面上还留有放灯火的地方,生活痕迹很多,当年安装木门、木窗的石台件还保存完好。

长城建筑用砖

砖是明代长城修筑中主要的材料，包括长城重点段落的城墙包砖、修筑屯兵城堡的建筑用砖，戚继光主持蓟镇时创修的空心敌台，更是大量用砖。所以，近些年来在蓟镇长城沿线的附近村庄中，修路、建房、村民栽植树木时，常会有明代砖窑被发现。比如笔者所在的秦皇岛市城子峪村，一村民在栽植果树时，就挖出迄今为止发现的距长城最近的砖窑十几座，距长城直线距离最近处，只有五六十米，不但如此，其中有座砖窑中烧造的是异形砖。那么，万里长城中砖石长城上建筑用砖有多少种呢？笔者根据巡查长城实体，参观已挖掘的明代长城砖窑的实物，简单作一个介绍。

长城建筑中所用的砖，大致分为长条砖、方形砖、异形砖三大类，其中的异形砖如墙垛砖、望孔（射孔）用砖、垛口基砖等。在不同窑品和不同地方烧造的砖，有的窑口工匠在脱砖坯时，有在砖面上刻上年代或某某营造等字样，这是为了保障砖的质量，一旦出现问题便于追责寻找证据,另外也证明某些窑口的砖质量好,就像现在的著名商标一般,还有的窑口不写字,打上暗记,我就曾发现有类似麻将二饼状的印迹的砖。

大家知道,长城包砖工程或者空心敌楼修筑中,用的量最多的就是长条砖,而在长城沿线巡查时,经常会发现敌楼建筑用砖并不完全一样,有大有小,有薄有厚,断处所露出的断面里,显示烧造的泥土和填充物也并不相同。所以,笔者根据自己四十多年守护长城所见发现在长城修建中长砖的种类大概有十种。

注有"万历十二年抚宁县造"的长城砖 / 资料图片

一号砖:长60厘米,宽24厘米,厚12厘米。

二号砖:长48厘米,宽23厘米,厚12厘米。

三号砖:长47厘米,宽21厘米,厚12厘米。

四号砖:长44厘米,宽21厘米,厚16厘米。

五号砖：长43厘米，宽22厘米，厚16厘米。

六号砖：长45厘米，宽22厘米，厚10厘米。

七号砖：长42厘米，宽21厘米，厚12厘米。

八号砖：长38厘米，宽18厘米，厚10厘米。

九号砖：长37厘米，宽18厘米，厚10厘米。

十号砖：长37厘米，宽15厘米，厚9厘米。[1]

---

[1] 孙志升：《中国长城》，北京：中国文史出版社，2005年，第87—88页。

明代修筑长城的刑罚

历朝历代都针对当时的社会情况制定法律法规,而明代别的不说,单就修筑万里长城这个举世无双的大工程,如果对所属官员人等没有严格的法律约束怎么能行呢?大家平时都会说,万里长城永不倒,但是要再问一句,为什么永不倒呢?这恐怕就和明代修长城时制定的法律法规和执行的方式方法有着密不可分的关系。

首先来看一下明太祖朱元璋亲自主持制定的《大明律》中,对于各级官员的工作作风等问题的处理方式:

"无论官级品大小,受财枉法者,一贯以下杖七十,每超五贯罪加一等;八十贯以上则一律处以绞刑。"

另外,即便官员因公出差,也明文规定,一律不准铺张浪费。如乘坐牲畜车船等,所携带的私人物品不得超过十斤,否则,每超过五斤打十鞭,最重者杖六十。

城子峪长城雪后初霁 / 张鹤珊 摄

这是针对所有官员的，那么，具体到长城修筑上又会采用什么行之有效的方式方法呢？

笔者守护家乡的明长城已四十多年，当初一个最大的促动因素，就是一块明代修长城的石碑下落不明了。从那时到现在，我用双脚行走长城可以绕地球三圈半的距离，保护长城实体和相关文物，其中的长城包修碑，也就是明代筑长城所称的"物勒工名"碑，让我记忆犹新。

何谓"物勒工名"呢？我自己的理解和解释，就是责任到人的大包干、责任制，具体是这样的：

以某一座空心敌台修筑为例：某年某月某某山峰需建空心敌台一座，那么负责该工程的大小官员的官职、家庭住址都要刻在碑上，从监督官员、设计、施工，细致到小工的名字都刻在上面，比如、边匠、木匠、铁匠、石匠，清清楚楚地刻在碑上。敌楼建好后，镶在敌楼的某个显眼处，便于观察和验收，一旦某一环节出了问题，直接追究碑上所刻之人的责任，如问题严重、影响恶劣的，当时就被杀头，这在长城沿线民间流传的故事中常有口传。

明长城上那些有特色的建筑

一、肥水不流外人田

大家有没有发现,明长城上的流水槽除了个别敌楼上,几乎全部朝向内地,也就是大家口中的关内,这是为什么呢?

其实,我个人分析,主要是两大原因。第一个原因,流水槽是石质的,而且突出墙体以外,如果伸向关外一侧,一旦敌人攻墙,就给他们靠云梯、甩搭钩等提供了方便和支撑点,反而对长城防御起了反作用。

第二点原因就是体现了修筑长城者朴素的感情,他们把在日常生活中的一些习俗也用到了长城修造上,既然是肥水,怎么能流入外人田呢?当然得流入自家田园。

二、媳妇楼上的刻字和天井

长城沿线许多地方都传说有媳妇楼的故事，故事在流传过程中有好几个版本，笔者介绍的媳妇楼是当初我们挖掘故事时的敌楼，也就是董家口西山顶上第一个空心敌台。它最显著的标识，就是楼门石券门上镌刻的"忠义报国"四个大字。相传，此为明代戚继光有感于守楼女主人王学兰的爱国行动和崇高精神所题，后被王学兰请石匠刻在自己和女兵共守的敌楼门上。

另外，此媳妇楼还有两点为女兵专门设计的建筑，充分显示出人性化管理。一个是充分体现"一夫当关，万夫莫开"的适合女兵们上下、易守难攻的双向楼梯，比其他敌楼的楼梯都低和窄。另一个就是为了照顾女兵们的身体状况，在敌楼中心开设一个小天井，楼上架设辘轳，方便女兵往上运送石雷等武器。据我所知其他地方还未发现此类建筑。

三、倒挂长城

何为倒挂长城？就是当长城经过特别险陡的山崖时，有的地方修建在七八十度的悬崖上的砖墙，上面整齐的垛口和障墙，从山顶顺势而下。站在山下回首，仿佛一架梯子从天而降，挂在大山崖的陡壁之上，所以人们习惯性地称之为天梯倒挂长城。

九门口长城 / 张鹤珊摄

四、水上长城，过河城桥

万里长城飞山渡河，山险处的长城称为倒挂长城，那么长城又是怎么跨河的呢？

我们的祖先是非常聪明的，在长城跨河时，在两山脚下的小平台上各建一空心敌楼或高台，然后在水中有几个水门洞，山洪下来时排水泄洪，平时还可以通行经商通关，一举两得。比如秦皇岛市海港区驻操营镇的九门口，就是九个水门洞，有排水的，有通关的；城子峪关未毁前，也有四个较大的门洞，上建过河城桥相连，河岸端与空心敌台相连。

五、精美的楼门刻花

我负责巡守的长城段上，有好几个敌楼门上都有精美的刻花，有象征和平的宝瓶荷花，有象征爱情美好、家庭幸福的缠枝莲，有寓意子孙高中的双狮绣球等，多种多样。当年长城修筑者对和平的渴盼，对美好生活的追求，对爱情的向往，都体现在他们亲手修建的长城建筑中，给后人留下了丰富多彩的瑰宝。

长城楼门刻花 / 张鹤珊摄

明长城空心敌台的编号

明洪武十四年（公元1381年），徐达率兵修长城，以最快的速度把一道长墙挡在那里，限制了蒙古骑兵的长驱直入。但是，随之而来的问题就是风吹雨淋、冰雹大雪给守长城的士兵造成的伤害。这个问题，一直到隆庆二年（公元1568年），戚继光北调成边才有了改善，那就是在蓟镇长城线上修了1337座空心敌台。

大家知道，万里长城乃是重要的军事防御工程体系，那么，所建的空心敌台作为长城防御工程的一个重要组成部分，当然部队领导要管理，而这一千多座敌台又分若干路管辖，怎么排号呢？

笔者守护家乡长城四十多年，除了保护长城实体外，也保护跟长城相关的各种文物、古树、古墓葬、古堡等等，其中也发现了长城碑刻。由此我就发现了其中的秘密，那就是长城空心敌台的编号与明代重火器编号一致，以路名的一个字加上提调名的一个字组成，而且，每个路都单从头排起。

　　例如：我在秦皇岛市海港区驻操营镇九门口至小河口段长城上发现的碑刻上，编号都为"石黄××号"。其中，石，即石门寨，明代为蓟镇石门路所在地；黄，即今天的驻操营镇黄土岭村，明代为蓟镇石门路黄土岭提调。

　　而从小河口至板厂峪东沟，也就是明代的长谷峪长城段上，所有的碑刻都为"石大××号"。其中的石，还是石门寨，大，即大毛山提调，古堡遗址就在今天董家口长城景区西北。

　　笔者在城子峪至董家口长城上发现一残碑，上面记载："石大八十九号台起，至九十号台西空止，创修二等砖边墙六十丈六尺。"现实中的八十九号台、九十号台，当地人称扁楼洼长城。可见，敌台编号只为军事部门知道和使用，而民间仍然以某家楼或地名称之。

　　比如，板厂峪至温泉堡长城段的碑刻都是"石义××号"，即石门路义院口提调。以此类推，长城敌楼编号就是这样的排法。

长城脚下梨花开 / 张鹤珊 摄

明代修长城的人力来源初探

中国大地上，自从有了长城，这个人力建造的体量最大的工程，任何人见了除了惊讶之外，首先就会想到一个问题：这么大的工程，这么多的建筑材料，得用多少人才能完成呢？下面仅就万里长城修筑的集大成者——明代万里长城修筑中的人力来源中主要的三大部分，简单介绍一下。

一、主力部队修筑

明洪武十四年（公元1381年），"达发燕山等卫屯兵万五千一百人，修永平、界岭等三十二关"。这里的"达"专指徐达，那么当年他率兵所修的三十二关，基本上都在现在的秦皇岛市管辖范围内，这也是徐达率领主力部队修长城的有力证明。

另外，在《永平府志》弘治十四年卷八十页里也有如下记载：

"弘治十一年（公元1498年），巡抚都御史张维躬督参将白琮、指挥罗纲、推官周渲率领官军民壮，于大毛山等处扪萝蹑险，极力修治……仍命推官周渲敞露边丈量，每丈给银一百，以赏其劳。"

以上记载可以证明，明代早期修长城的主要力量就是部队。

二、发配服刑人员充边修长城

用现代的说法就是把那些犯罪较轻，比如说被判了有期徒刑几年的服刑人员，派去修长城。

例如：明朝的隆庆五年（公元1571年），巡抚杨兆在《议处重镇边备疏略》中就写道："乞将直隶抚按，各道、府、州、县、有犯该徒罪人犯，免发驿迭墩台，充为修边徒夫，以工限为准，不以年限为准，既与释放。"用现在话说，就是把犯有期徒刑的服刑人员的刑期，折合成修长城的工程量，让服刑人员在服刑期内去修长城，只要按质按量完成任务，即可回家不用再服刑期。这样，就极大地鼓励那些服刑人员起早贪黑地加班加点地干，因为修完了长城任务就可以早点回家了，所以，这种做法也加快了长城的修筑进度。

三、征调的工匠

大家都知道，万里长城并不仅仅只是一道长墙，它也包括了关、堡、敌楼、烽燧等等建筑，有些建筑并不是普通人力就能完成的，比如说，砖包长城墙，倒挂长城的墙，空心敌台的设计、修筑等，

板厂峪长城 / 张鹤珊 摄

都需要专业人员,也就是工匠、匠人,现在讲也就是大工子。

在修长城的碑刻上,有记载的工匠有这么几种:①边匠;②木匠;③石匠;④铁匠;⑤窑匠。这五种工匠中,边匠,即设计修筑长城石、砖墙的大工,因为明代时称长城为边墙,故工匠称为边匠。窑匠,主要是砖瓦窑匠和白灰、煤窑的工匠。比如秦皇岛市板厂峪村、城子峪村,发现了许多砖窑、白灰窑、煤窑,那是需要很多工匠的,工匠除了少部分回了原籍外,大部分都留在当地了。

工匠是有工资的,如明嘉靖十六年(公元1537年)五月,巡按直隶监察御史王应就曾提到修居庸关一带长城时:"通共泥水匠六百九十五工,每工工食银八分,共银五十五两六钱。"

秦皇岛长城段中的某家楼

秦皇岛市的明长城，不但有著名的山海关、老龙头，更是由于建筑形式多样，地形地貌奇特，而形成了诸如海上长城、水上长城、山地长城、平原长城、倒挂长城等等，被很多长城专家称为：集雄奇险秀于一身的明长城保存最完好的段落之一。其中，除了部分砖墙保存完好之外，许多地方的空心敌楼都保存较好，这是为什么呢？

笔者在长城脚下出生，是听着祖辈的长城故事长大的，更是以自己祖先是戚继光带过来的义乌兵、自己是张家楼的后代而骄傲。那么，张家楼又如何而来？有什么历史依据吗？这还得从戚继光北上戍边开始介绍。

戚继光北上戍边后，曾多次从江浙等地，特别是金华府义乌增调义乌兵。他们到北方后，先在蓟镇长城上修筑空心敌台。现在在秦皇岛市境内长城线上，有不少空心敌楼的石券门上，都有

第二章
长城知识简介

着典型江南风格的石刻,比如双狮绣球、宝瓶荷花、缠枝莲等等图案,都是当年义乌兵把对江南故乡的思念,对美好生活的追求,对人类和平的企盼,融入长城的石刻券门之上,以长久地陪伴那些远离故土的守城官兵……

几年的工夫,蓟镇长城空心敌台1337座全部修完。一个突出的问题摆在义乌兵守军的面前,朝廷允许义乌兵携家眷守长城,这也是朝廷对义乌兵的"特殊待遇"了,所以,许多义乌兵的家属便都随着当兵的亲人来到北边,戍守敌楼,成了当时最著名的"楼头军"。

家属来随军了,部队中的俸饷不足以养活全家人口,怎么办呢?戚继光就征得朝廷同意,把空心敌楼承包给每一位士兵值守,而士兵的家属们可以在自家守卫的敌楼下开荒种田,朝廷负责提供简单工具、耕畜、优良种子,打下的农作物实行三七分红,施种者得七成,其余三成上交军粮,这也就是屯垦戍边的由来。

由于每座空心敌台都由一个士兵站岗守卫,而他的家属就在其楼下开荒种地,所以,大家习惯性地就称某姓戍守的空心敌楼为某家楼,比如张家楼、孙家楼、陈家楼等等,一直延续至今。

某家楼虽然是民间称呼和叫法,却是对敌楼保护起到了极大的好处,你想,谁家愿意自己家守护的敌楼被毁坏呀!即便是在"文化大革命"时期,由于许多红卫兵也是某家楼的后代,他们

张鹤珊聊长城

也不愿意破坏自己老祖宗亲手修筑的敌楼,所以,长城沿线许多某家楼至今都保存得比较完好。

城子峪长城晨雾 / 张鹤珊摄

第三章

长城奇遇

城子峪长城冬妆 / 张鹤珊摄

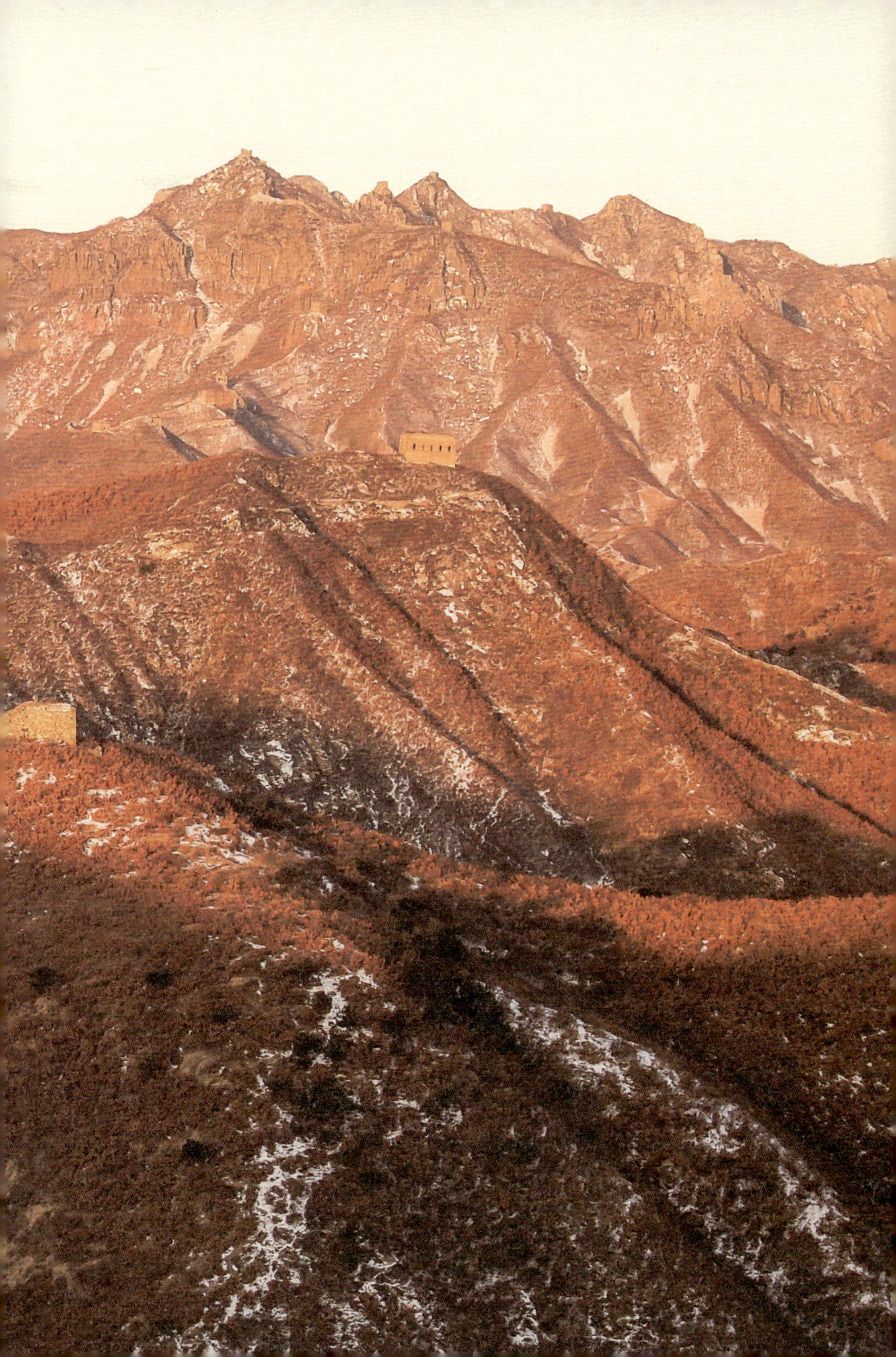

寻碑奇遇

众所周知,明代修筑长城实行的是"物勒工名"的管理办法。用今天的话来说,就是"大包干",也就是把所有参加那段长城修建的各级官员、负责人,直到工匠名字全都刻到一块石碑上,等到空心敌台或某一段砖包长城完工了,就把这块碑镶到原来预留的地方,以便于上级领导视察和追责。所以,在明代修筑的万里长城中砖长城部分,每一座空心敌台或某一段砖长城上都有一块这样的碑刻,后人称为"长城包修碑",在上面详载有某地需建空心台一座及官员、工匠名字,注明年月日。可见,想要了解某段明长城,那么这种包修碑就是第一手实物证据。所以,我在巡查长城的时候,也把寻找碑刻作为重点。

但是,朋友们想一想,从明朝到现在已四五百年的历史了,加之清朝没有大规模整修过长城,历史的、人为的、天灾的等等原因,造成许多碑刻下落不明了,要想在荒山野岭的古长城周边

第三章
长城奇遇

找一块几百年的石碑，不说比登天还难，但是，困难重重是肯定的。

为了找着百姓口中说的石碑，我用了十几年时间，几乎把长城南北两面的大山走了不知多少趟，穿坏了多少双胶鞋，剐坏了多少身衣服，没有记录，反正就像女人用梳子梳理头发一样，我把那座大山一年四季都梳理了不知多少遍。

有一年夏季，几天连雨，然后山洪暴发，大山上到处听到哗哗的流水声。我想，原来的石碑如果在这杂树林子里，几百年来也会被浮土树叶埋上了，这场山洪能不能冲出来呢？抱着这种心态，我在山洪退去后，拿着镰刀就上山了。

夏天雨后的杂树林中，蛙鸣鸟叫，溪水潺潺。正当我全神贯注于脚下地面时，忽觉后脑凉凉的冷风吹来，我一回头，只见后面的一棵山杏树上，一条碗口粗的黄松蛇正冲我瞪着仇恨的目光，仿佛是我打扰了它的宁静，甚或是它正在觅食被我给搅了。总而言之，它尾巴缠在树枝上伸出头来，冲我吐着火红的芯子，并发出咝咝的警告声。我一看，吓得头发都竖起来了，三米左右的大蛇，在树林中居高临下的，我肯定不是对手，没办法，三十六计，走为上计，惹不起咱还躲不起吗？但是，我不敢跑，只能是面朝它，双眼和它对峙着往后退。大千世界真是无奇不有，头上的大蛇我惹不起，哪知，树丛中的大黄蜂我更惹不起。几千只野蜂就像无人机群一样包围了我。我一看不好，抱着头就往柴丛里钻，那个狼狈相，真正的顾头不顾尾呀！尽管如此，我还是被野蜂给连蜇

141

带咬了好几下，不大工夫，我的脑袋就肿成了"大头娃娃"，双眼肿成一条缝。还好，只有野蜂蜇了我，蛇未攻击我，捡了条小命。

双眼看不清路了，好在手里有镰刀，砍了根木棍，拄着下山回家。当时二三岁的女儿和小朋友们在街上玩，一看我拄着木棍，浑身泥土，衣服被剐得不成样了，立刻跑回家去喊她妈妈："快把大门关上吧，有个讨饭的坏人来了。"

当时我听了，心里酸楚，可见，我被大蛇和野蜂整成什么样子了，连我自己的亲生女儿都认不出我了。

功夫不负有心人，不管经历了多少苦，流了多少汗水，也许是上天被我的真诚感动了吧，终于，在一处河沟边上，山洪把积叶冲走了，露出了石碑的一角，被我发现了。我那个高兴劲儿就别提了，我终于可以理直气壮地告诉游客们，这座敌楼，这段砖包长城是明朝某年某月由哪些人立的，也可以证明，这个敌楼在明代的编号是多少。更为可贵的是，它还详细地记载着一些参修官员的名字、工匠的名字，甚至边匠、木匠、铁匠、石匠的名字，连小工的名字都有。

城子峪长城晚霞 / 张鹤珊摄

炸雷惊魂

保护长城,说说容易,做起来很难。要把它做好了,就更难,除了忍受寂寞,还要经历风霜雨雪的洗礼,更有些是你意想不到的,可它却实实在在地发生了。

记不太清是哪一年了,大概上个世纪八十年代的某一天吧。这一天风和日丽,我照样拿着镰刀去巡查长城,当我爬上山顶时,发现西北方向有云了,而且风势加大,云层越来越厚,不久就有黑云压城的感觉了,凭经验,我知道要来暴天了,也就是行话暴风雨就要来了。回家肯定是来不及了,但我心中有底,前边不太远,就是老祖宗留下的当年专门给守长城军士们避风雨的空心敌楼了。

但是,人算不如天算,什么也赶不上老天爷的变脸快,那可真是说变就变,一阵大风过来,即刻电闪雷鸣,眼见远处的暴雨在山中飞走,像一条条白线,我赶紧往敌楼里跑。但是,人没有风快啊!豆大的雨点打得我脑袋生疼,好不容易跑进敌楼里,还

第三章
长城奇遇

没容我喘口气呢,却发现一个大火球托着火焰追我而来,不但如此,在敌楼里我躲到哪儿它追到哪儿,我躲不开也藏不住。当时我被吓坏了,可是,事到临头,怕也没用了,没办法,我只好拿起镰刀,冲着那个火球甩了过去,只听咔的一声爆炸,我被震晕过去了。

不知过了多长时间,我醒了,仿佛做了个噩梦。我一看,自己躺在敌楼地面上,我一想不对呀,平时我巡查长城,就算是累了,大不了找个墙角靠一靠,或坐在砖石上歇一会儿,今儿个怎么躺地上了?而且,我从不离手的镰刀哪儿去了?

百思不得其解。我起身去看,只见前面的楼里,有一处地方,地面有个坑,土石块飞得到处都是,而我的那把镰刀,早已成了一块烧化的废铁疙瘩了。

回家后跟我媳妇说起此事,我媳妇感到很后怕。我们村里的人说,当年放羊人也在楼里遇到过这事,这是球形雷,一旦人或野兽被雨淋湿了遇到它,它就把你当成导体,一直追,直到引爆为止。

大蛇拦路

　　长城保护员第一个难题,就是要独自面对荒山野岭、断壁残墙,每天一个人行走,连个说话的人也没有。那么,我巡查长城都是怎么解决这个问题的呢?方法有很多种,除了在长城放歌给大山听、给长城听,再有就是和不同的动物交朋友,和它们说话。你们别以为我在吹牛,我当然不会鸟语、兽语什么的,我所说的话属于那种对方听不懂,而我又一厢情愿地想跟人家说的。

　　比如,有一年的夏天,下了暴雨,山洪暴发,石河水很大。因为水太深,我几天未去巡查长城,等了几天,水小了,我拿着镰刀去巡查,看看野长城是否有险情。由于几天的连雨,山中涧底到处流水潺潺,鸟语花香,我正在长城上欣赏美景、边走边唱的兴头上,忽然我唱不出来了,不但如此,我的头发也一根一根地往起竖……天爷,一条碗口粗的黄松蛇横在长城上,见到我来了,不但不躲开,反而昂起头,朝我吐着火红的芯子,威胁我,那架

第三章
长城奇遇

大蛇拦路 / 于文江摄

势仿佛是我惊了它的驾了。

一方面我感到害怕,这么大的蛇咱是惹不起呀,另一方面,可也给我一个说话的伙伴和机会了。我用镰刀从旁边砍来一根长木棍,然后,我站在蛇的对面说:"伙计,我老张头是长城保护员,我是来巡查长城来了,如果没注意惊了你的梦,对不起,我给你赔礼道个歉。"哪知,不说还好,这一说,大蛇反而做出想要随时攻击我的样子。我一看,好家伙,我给你说好听的,你不但不领情,还要和我玩玩,那就对不起了。我说:"伙计,我老张可要巡查六公里长城呢,现在才查一半,你老拦路不让我过去,那哪行啊,你要不给我让道,我只好请你让了。"说罢,我就用长棍把它赶到路边,我快步走过去,然后回头跟大蛇说:"对不起啊,老伙计,我急着巡长城,咱们下回见吧。"

就那次巡查六公里野长城,小蛇碰到好几条,大的碰到四条,所以,我当时发了个朋友圈:巡查长城六公里,碰到大蛇三四条。

老鹰留的纪念

大千世界，无奇不有。世人都会收到各式各样的纪念品，大山里的老鹰送的纪念品你有吗？我有，信不信由你。

事情是这样的，上个世纪九十年代，辽宁省沈阳市的田立先生偶然到城子峪长城拍片，认识了我。随着友情的加深，他出于摄影家的感觉，鼓励我拍摄长城，因为我是长城保护员，一年四季在长城上巡查，可以说长城上的风光我有得天独厚的条件可以拍，所以，田立先生不但鼓励我拍长城，还送我一部海鸥4A照相机，并为我免费提供120胶卷。

这事令我感触很深，除了在心里感谢田立外，我也暗下决心，一定要学会摄影，拍出长城的壮美照片。

从此，我开始学习摄影。大家知道吗？在上个世纪九十年代的大山里，很多人都没照过相，更不用说跟谁学摄影了，怎么办？自学。每次都把光圈、快门速度记下来，洗出片来再改进。

有一次，我和儿子一块儿去古长城巡查，顺便拍几张照片。当我们走到一个叫扁楼洼的长城敌楼里时，我发现楼中有两只羽毛未全的小鹰掉在了地上，我寻找高的地方，准备把两只小鹰送回巢去。哪知，我的善举被鹰妈妈误以为我要抱走小鹰，结果，它和鹰爸一块儿向我扑来，尖利的爪子朝我头上抓来。吓得我本能地一低头。带头的鹰妈妈从我后面掠过，虽然没有抓住我脑袋，但是，那双利爪把我的后脖子抓了个大口子，鲜血直流。儿子一见，非常害怕。我说你别动，老鹰不追你，我把老鹰引出楼外去。

就这样，我用镰刀砍了一根杂柴护住头部，狼狈地跑回家。老伴儿给我涂了点自制的土药。伤口总算好了，但却在脖子后头，长了个肉疙瘩，算是老鹰给我的纪念品，一直到现在还在呢，恐怕要陪我一生了，成为我一个永久的纪念。

明长城障墙 / 张鹤珊摄

雷电惊魂击山岗

在山里,经常电闪雷鸣。有很多时候,那雷就像炸弹在附近爆炸一样,震得人耳朵疼,所以,山里人管这样的雷叫"炸雷"。

真形象啊,怎么说呢,眼见为实。

有一年夏天,我像往常一样去巡长城。时近中午,忽然狂风大作,黑云压城,电闪雷鸣。那场面仿佛在电视剧里见过,我急忙跑进离我最近的敌楼里避风雨。我暗自庆幸,老祖先们真是能掐会算,知道我巡长城会遇雨,特地给我建了这么多的敌楼让我避雨。

既然有避雨场所,那咱就不客气,躲在里面吧,我拿着镰刀急忙钻进敌楼里。人刚进楼,外面的倾盆大雨箭一样下了起来,而且,狂风中电闪雷鸣,那雷仿佛就在我头顶上炸响,震得人耳朵疼。

我找了个避风的角落坐下,望着窗外雨中的大山。那雨仿佛

第三章
长城奇遇

是一幅巨幕被一双无形的巨手拉开在大山怀里，闪电像一条条金龙，在天地间飞舞。突然，我发现，在我避雨的敌楼对面山坡上，几道闪电滑过，霎时间就像电视剧中的战斗场面一样，被炸出了几个大坑，那土和碎石飞起来又落下。天爷，一个生在和平年代的人除了在电影、电视剧中见过这情景外，从未亲眼得见，吓得我半天缓不过神来……

回家和老伴儿说起此事，她有些不信。第二天天晴，我带上纸笔、钢卷尺就来到了昨天雷击的山岗上。

我发现了七个大小不等、深浅不一的炸坑，被炸飞的碎石土块，把坑边的杂柴都压住了。我用尺丈量了一下，最深的有七八十厘米深。

回家后，我赶紧给《河北农民报》的工作人员发了个短消息，后信息被采用。我记得当时的标题是：天上雷电轰隆隆，击出山岗七八点坑。

彩虹映衬下的长城 / 张鹤珊摄

第四章

长城诗词

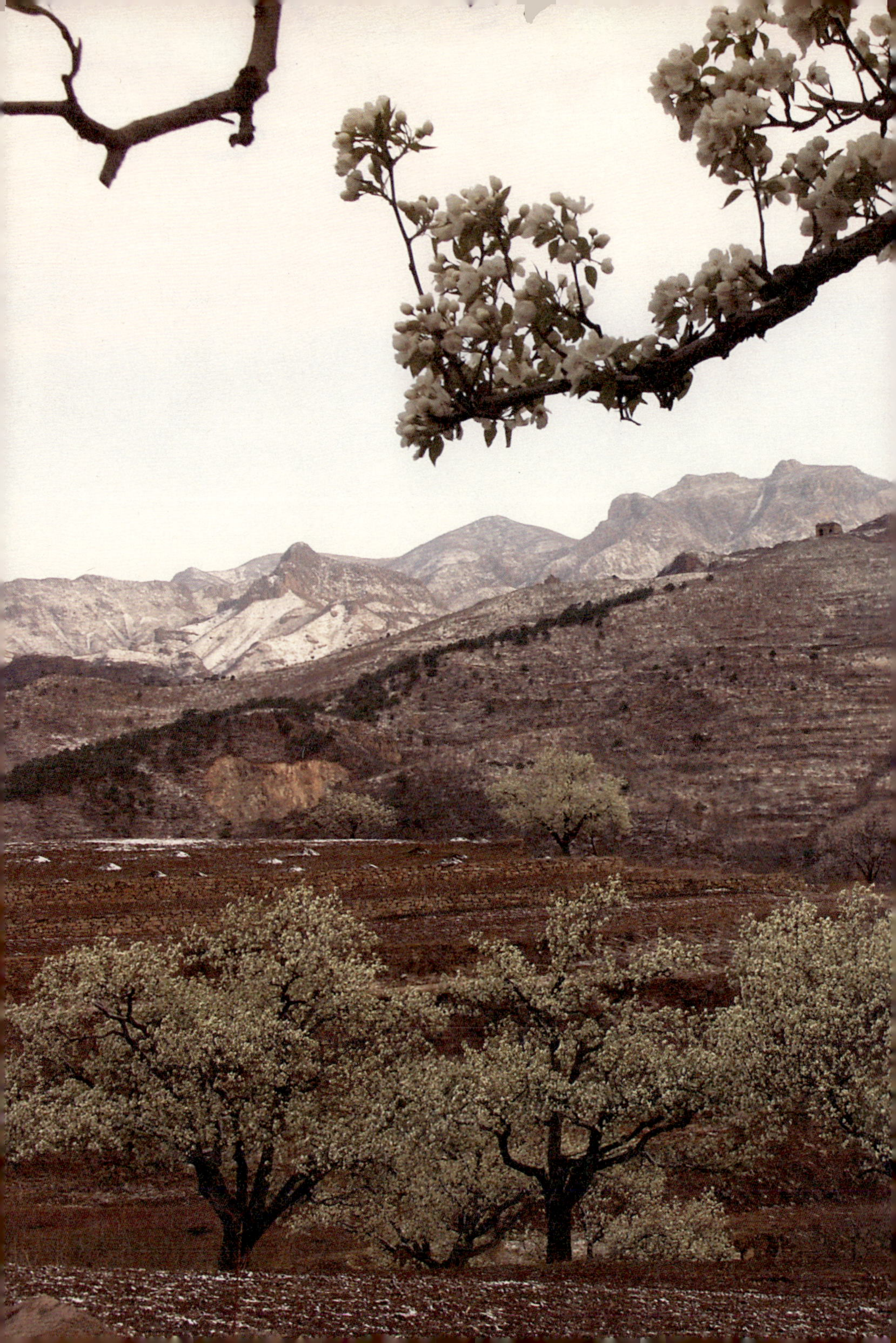

城子峪长城别样春 / 张鹤珊摄

老　柳

一株老柳大山中，
孤独寂寞秋与冬。
待到雁归春来时，
甘做绿叶伴花红。

2016 年 4 月 2 日

张 家 楼

张家楼下碾一盘,
小米金黄话当年。
屯垦戍边守长城,
残垣断壁话从前。

2015 年 3 月 12 日

无 题

老伴住院我守家，
心里憋闷无处发。
半杯闷酒两眼泪，
独坐长城忘回家。

2019 年 10 月 13 日

亲　情

残楼夕阳下，
老伴唤回家。
土酒佐小菜，
一壶暖心茶。
平淡真情在，
何必想其他。

2018 年 10 月 28 日

巡　城

太阳如火正当头，
巡查长城热汗流。
解除乏思弄小酒，
抓把白云挂敌楼。

2021 年 5 月 25 日

第四章
长城诗词

长 城 秋

野蝉乱鸣大山秋,
风吹野花漫城楼。
雁来雁去催人老,
一生脚印长城留。
群山高处任放眼,
愿借长空展笑眸!

2020 年 8 月 10 日

农 家 院

东倒西歪篱笆墙,
葱蒜韭菜种几行。
小院春天关不住,
蜂蝶隔墙送花香。

2017 年 4 月 16 日

第四章
长城诗词

无 题

巡守长城大山巅,
笔蘸白云写诗篇。
双脚踩得春风细,
布谷声声杨柳烟。

2019 年 4 月 3 日

人 生

大山为伴秋与冬，
月缺月圆满天星。
谁人借我一支笔？
长城伴我写人生。

2020 年 7 月 24 日

剪　枝

剪声嘎嘎如诗吟,
树似盆景画院心。
行行雁阵留不住,
独留空枝挂白云。

2016 年 3 月 28 日

老伴住院

突然降温刮冷风，
老伴住院手术中。
哭红双眼咽老泪，
谁解老张心中情？
孤苦滋味向谁诉？
走进大山问长城！

2019 年 10 月 10 日

第四章
长城诗词

巡城晨曲

细柳牵衣舞路边,
残月星稀伴大山。
山涧鸟语已填满,
欢迎巡城张鹤珊。
早春时节天多变,
小酒一口御春寒。
待等日出长城红,
美景传遍朋友圈。

2017 年 5 月 17 日

多　字　歌

老张今年六十多，
守护长城年头多。
媒体记者朋友多，
专家学者教授多。
宣讲长城故事多，
行走长城里程多。
人生能有几个多，
照片日记写得多。

2016 年 8 月 12 日

第四章
长城诗词

归　宿

万里长城万里长，
一砖一石挺脊梁。
平凡一生守长城，
愿化泥土砌长墙！

2020 年 3 月 12 日

敌楼观景

大山滴翠雾如云，
闲坐敌楼听鸣禽。
且趁双脚能迈动，
踏碎露珠长城巡。
无人送酒空寂寞，
拄杖独赏风吹云。

2020 年 6 月 27 日

敌楼遇雨

巡城避雨敌楼中,
闲饮老酒御冷风。
闪电如蛇空中舞,
炸雷过后现彩虹。
风霜雨雪四季景,
全在老张脑海中。

2020 年 7 月 6 日

长城云海

大山连雨云翻腾，
宛若仙境古长城。
躲进敌楼闲品酒，
雨打松鼠乱蝉鸣。

2020 年 7 月 6 日

友 人 来

甜杏一盘红透白，
馋得蜂蝶远飞来。
弹石轰飞乱鸣蝉，
呼酒闲吟大山怀。

2020 年 7 月 4 日

巡城归来

石床平卧手招云，
老酒独饮少客人。
长城巡罢纳凉处，
且留美梦待黄昏。

2020 年 7 月 4 日

村　居

闲坐大石细品茶，
忽闻双喜叫喳喳。
露珠滚落菜畦里，
笑看小孙去摘瓜。

2020 年 6 月 17 日

春 风

春风好似大画家,
画出长城漫山花。
神来妙笔枝头鸟,
啼醒大山撩面纱。

2021 年 3 月 11 日

第四章
长城诗词

长　城　情

蝉鸣大山静，鸟飞长城幽。
垛墙放眼处，把酒在楼头。
天蓝白云近，唤来陪喝酒。
秋来登高望，放歌媳妇楼。

2020 年 8 月 12 日

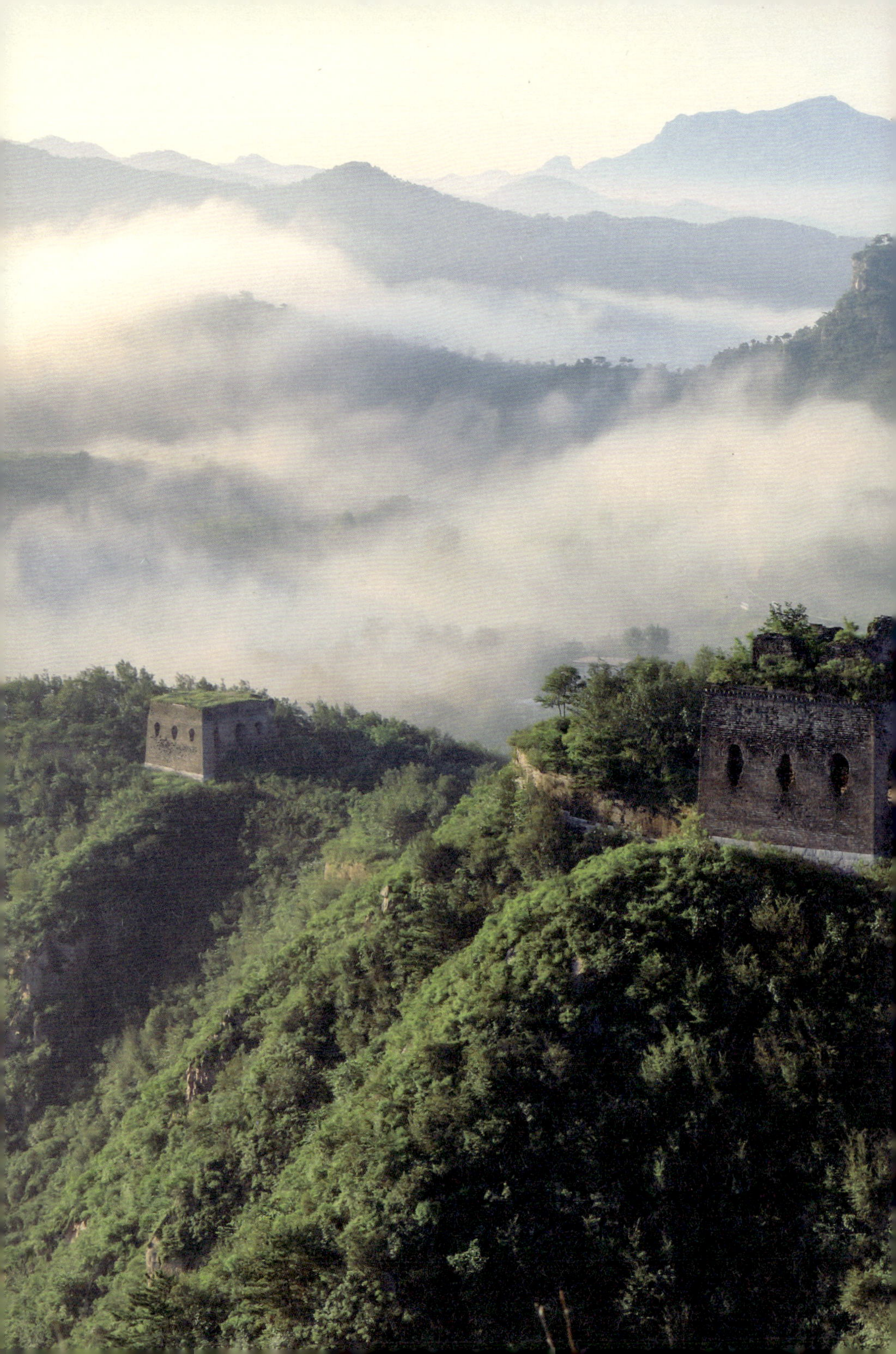

晨雾中的城子峪长城 / 张鹤珊摄

后 记

我出生在长城脚下,我的童年时光都是在长城敌楼里度过的,所以我常说,长城,是我生活的一部分。我几乎每天都会去长城上巡查一圈,我也亲切地称长城为"老伙计",如果一天不见,仿佛生活就少了点啥。长城,也是我生命的一部分,我的一生注定要和长城紧紧地连在一起,永不分离,就像一位孩子守护老父亲那样,我要用一生时光守护长城!而且,我自己给自己定了个目标:一生只干一件事,守护长城,直到走不动为止!没有豪言壮语,只是我心里的大实话而已。

一晃40多年,在守护长城的同时,我也常常走访十里八村的老人,去了解那些流传在民间的当年义乌兵遗留下来的和长城有关的习俗、传说、风土人情等等,也去长城沿线的崇山峻岭间寻找那些几百年前的墓碑,解开了许多困扰人们多年的疑问。比如说,长城沿线许多人家都在长城上有某家楼的传说,很多老人也曾听他们上辈老人讲,说他们的祖先是当年戚继光从浙江义乌带过来的戚家军后代,是真正的义乌兵,但苦于年代久远和一些人为因素的干扰破坏,一直找不到确切的证据。经过十几年的努力,

张鹤珊聊长城

经历过斗大蛇、战野蜂的险情,我终于在古老的长城下的密林中,找到了古墓碑,当碑上第一行字被我从几百年的尘埃中擦出"原籍浙江金华府易武县人氏"(笔者注:我曾和义乌史志的编辑老师们探讨过此事,为什么是"易武"?而不是"义乌"?他们说,这是南北方方言之误,并说,只要是浙江金华府,就只有义乌县,没有易武县)的碑文后,我高兴得直蹦高,直接联系义乌史志办的领导,从而揭开了义乌兵在长城的第二故乡的实物证据。这也把义乌和千里之外的秦皇岛紧紧地连在了一起,谱写了义乌兵后裔新的篇章。

在此基础上,我终于可以回答,驻操营镇的古长城上,为什么有张家楼、王家楼、孙家楼、陈家楼等等的问题了:原来,这一带的长城包砖工程和空心敌楼修筑,都是由南兵(笔者注:义乌兵)亲手修筑,工程完工后,他们又响应当时朝廷号召,带着家眷留下来守卫长城。从那一刻起,每个空心敌楼最早的第一名守护人姓什么,当地就习称某家楼,一代代相传直到今天,以至于在长城沿线,如果你问蓟镇石门路的某个敌台编号,我敢说几

后 记

乎无人知晓，但你要打听张家楼等，那却是家喻户晓。

此事给了我很大启发。那么，这些流传在民间的故事、传说、风土人情、乡情习俗，怎样才能让更多的人了解呢？也就是说，这些丰厚的长城文化积淀，要怎么传播出去，才能让更多的人了解长城、关注长城文化呢？我想到了三个主要的办法。

第一个，积极配合媒体，把家乡的长城宣传出去。比如，利用中央电视台、《人民日报》、《光明日报》、《河北日报》等媒体以及网络上的微电影进行宣传。然后，我又和朋友合作，开办了抖音号——"守长城的老张"。通过直播和短视频，向社会宣传长城，效果很好。如今我已有粉丝近40万，最好的一条短视频在线浏览量达到3781.9万，收到较好的社会效益。

第二个，就是出版图书。这样可以用文字和照片的形式，把长城文化长久传播出去，把我40多年守护长城的亲身经历、奇闻趣事以及我对长城的了解、对长城知识的认识传播出去。把地方志书上的记载和民间传说、碑记等实物相对照，互相印证，这样就进一步丰富了这一带的长城文化内涵，让那些冰冷的大墙和敌楼,都变成有血有肉的活生生的个体,展现在人们面前。

　　第三个,就是宣讲。通过各种媒体的宣介后,我也有了一点小小的知名度,许多大学、中学、小学都请我去给学生们讲长城,有几所高校也和我建立了互相学习的基地,不定期地组织学生们来长城采风创作,接受爱国主义教育。比如,燕山大学几个学院的教师都和我建立了联系,校党委书记赵险峰同志亲自牵线燕山大学出版社,由陈玉社长几次登门,到长城来了解情况。无论工作多忙,她都积极帮助我出版《张鹤珊聊长城》一书,并专门指派出版社的方志强编辑,为我出书作专业的指导,给予了我极大的帮助。在此,对燕山大学的领导,燕山大学出版社的同志们给予我的无私帮助,表示衷心的感谢!

　　我知道,作为一个地地道道种责任田的农民来说,我办的每一件事都离不开各行各业的朋友们的大力支持和帮助,没有你们的支持和帮助,也就没有今天的我。由于帮助我的人和单位太多,就不一一列举了,在此一并谢过。

　　长城人有长城人独特的思维和想法,《张鹤珊聊长城》文字

后 记

功底很浅，有许多是自己的见解，仅供大家参考。但我真诚地希望每一位看过此书的人，都能从文字中读出大山的味道、长城的味道和守长城人汗水的味道。最后，让我用自己的一句小诗来做个结尾：

敢唤大山拿酒来，我用一生守长城！

张鹤珊

2022 年 7 月 29 日于城子峪